Eine Bildreise

Jörg Bischoff/Tom Krausz/Ellert & Richter Verlag
Schönes/Beautiful/Beautés de
Stuttgart

Jörg Bischoff, geb. 1942 in der ehemals freien Reichsstadt Ulm/Donau, studierte Germanistik und Volkskunde in Tübingen und München. Seit 1970 Journalist der „Stuttgarter Zeitung" in Stuttgart und Bonn. Heute Chefredakteur der „Südwest Presse" in seiner Geburtsstadt. Verfasser mehrerer landeskundlicher Bücher, darunter „Der Neckar, Eine Bildreise", 1994 erschienen im Ellert & Richter Verlag.
Tom Krausz, geb. 1951. Studium der Fotografie in Hamburg, Kameraassistent beim Fernsehen, seit 1978 als freier Fotograf tätig, Preisträger nationaler und internationaler Wettbewerbe. Seit 1982 Mitglied im Bund Freischaffender Foto-Designer (BFF), mehrere Ausstellungen, Veröffentlichungen im In- und Ausland unter anderen in stern, art, Zeitmagazin, SZ-magazin, MERIAN, Globo, Feinschmecker.

Jörg Bischoff, born in 1942 in the former free imperial city of Ulm on the Danube, studied German language and literature and ethnology in Tübingen and Munich. From 1970 he worked as a journalist for the "Stuttgarter Zeitung" in Stuttgart and Bonn, and is now editor-in-chief of the "Südwest Presse" in his home town. He has written several regional books, including "Der Neckar, Eine Bildreise," published in 1994 by Ellert & Richter Verlag.
Tom Krausz, born in 1951, studied photography in Hamburg and worked as a television camera assistant. Since 1978 he has worked as a freelance photographer, winning several national and international competitions. In 1982 he joined the Bund Freischaffender Foto-Designer (Association of Freelance Photographic Designers). He has held several exhibitions and his photographs have been published in Germany and abroad, including in "Stern," "Art," "Zeit-Magazin," "SZ-Magazin," "Merian," "Globo" and "Feinschmecker" magazines.

Jörg Bischoff, né en 1942 dans l'ancienne ville impériale d'Ulm sur le Danube. A poursuivi des études d'allemand et d'art et traditions populaires à Tübingen et Munich. Journaliste, depuis 1970, auprès du «Stuttgarter Zeitung» à Stuttgart et à Bonn. Il est aujourd'hui rédacteur en chef de la «Südwest Presse», dans sa ville natale. Auteur de plusieurs ouvrages de civilisation, dont «Le Neckar, un voyage illustré», paru en 1994 à la maison d'édition Ellert & Richter.
Tom Krausz, né en 1951. Etudes de la photographie à Hambourg, assistant-cadreur à la télévision, photographe free-lance depuis 1978, lauréat de plusieurs concours au niveau national et international. Membre, depuis 1982, de la fédération «Bund Freischaffender Foto-Designer». Diverses expositions et publications en Allemagne et à l'étranger, notamment pour les magazines stern, art, Zeitmagazin, MERIAN, Globo, Feinschmecker.

Bildnachweis:
Fotos: Tom Krausz, Hamburg
außer:
S. 46/47: Georgine Eisele-Malina, Steinheim
S. 54/55: HB-Verlag, Hamburg
S. 68/69: Gundel Kilian, Wäschebeuren

Text und Bildlegenden/Text and captions/Texte et légendes: Jörg Bischoff, Ulm
Übertragung ins Englische/English translation/Traduction anglaise: Paul Bewicke, Hamburg
Übertragung ins Französische/French Translation/Traduction française: Michèle Schönfeldt, Hamburg/Valérie Maurer, Hamburg (Bildlegenden der Abbildungsseiten)
Karte/Map/Carte géographique: Abdruck der Karte mit Genehmigung des Stadtmessungsamts Stuttgart Nr. E 31
Lektorat/Editor/Lectorat: Anja Borck, Hamburg
Bildredaktion/Picture editor/Service Photo: Anke Balshüsemann, Hamburg
Gestaltung/Design/Maquette: nach Entwürfen von Hartmut Brückner, Bremen
Satz/Typesetting/Composition: KCS GmbH, Buchholz/Hamburg
Lithographie/Lithography/Lithographie: Litho Jankowski, Flensburg
Druck/Print/Impression: Kohlhammer, Stuttgart
Bindung/Binding/Reliure: Buchbinderei S. R. Büge, Celle

Die Deutsche Bibliothek – CIP-Einheitsaufnahme

[Schönes Stuttgart]
Schönes, Beautiful, Beautés de Stuttgart / Jörg Bischoff / Tom Krausz. – Hamburg: Ellert und Richter, 1997
(Eine Bildreise)
ISBN 3-89234-757-3

Inhalt/Contents/Sommaire

Weltlosigkeit, Versessenheit, Stagnation. Hauptstadt in einem Kessel, können nicht oben hinausgucken". Mit diesen bitteren Worten hat der Stuttgarter Professor Friedrich Theodor Vischer 1867 in seinem Roman „Auch Einer" die räumliche und geistige Situation der damals noch württembergischen Metropole beschrieben. In der Tat öffnet sich die Halbmillionenstadt dem Fremden nicht sofort. Wer nach Stuttgart wolle, müsse erst „durch ein dunkles Loch", schrieb ein anderer Kritiker des vergangenen Jahrhunderts und meinte damit den Rosensteintunnel der Eisenbahn, der vom östlichen Vorort Bad Cannstatt zum Kopfbahnhof der Landeshauptstadt führt.

So geht es vielen Stuttgart-Entdeckern. Ob von Norden über die neue Schnellfahrtrasse der Deutschen Bahn, von Westen oder Süden über die Autobahn am Flughafen vorbei, stets sind Barrieren aus Sandsteinhöhen zu überwinden, ehe sich die Stadt zeigt, dann aber mit einem Schlag in ihrer ganzen Fülle und in ihrem Charme. Zusammengedrängt im Tal des längst vergrabenen Rinnsals namens Nesenbach erschließt sich der Reiz dieser Großstadt zunächst von oben. Noch ist es nicht lange her, da stoppten Schulbusse nach dem Theaterbesuch bei Nacht auf halber Höhe der Neuen Weinsteige: Die Besichtigung des Stuttgarter Lichtermeers, eng gefaßt in einem Kranz von Buchenwäldern und Weinbergen, gehörte zum Pflichtprogramm der jungen gebildeten Stände. Und seit 1956 der Stuttgarter Architekt Fritz Leonhard den 217 Meter hohen Fernsehturm des Süddeutschen Rundfunks auf dem Berg Bopser baute und damit die Technik der Fernsehtürme weltweit prägte, ist die Stadt von noch höherer Warte aus zu besichtigen: mit einem Weitblick aus 152 Meter Höhe, der vom Talkessel aus nicht möglich ist.

Neuerdings will die Bahn einen großen Schnitt durch die Stuttgarter Talaue ziehen und damit die uralten Verkehrsprobleme zumindest auf der Schiene mit einem Schlag lösen. Das Projekt „Stuttgart 21" sieht einen unterirdischen Fernbahnhof quer zum Tal vor. Er soll den alten Sackbahnhof mit seinem geländefressenden Schienengewirr ablösen. Aber die Stuttgarter wollen nicht so recht an dieses Mammutprojekt heran. Irgendwie erscheint ihnen die Veränderung zu kühn, als daß sie sich mit dieser das Stadtbild revolutionierenden Lösung leicht abfinden könnten.

Weil Stuttgart sich von oben am gefälligsten erschließt, haben emsige Leute des Verschönerungsvereins 1983 auch einen Rundwanderweg angelegt, der nach dem Wappentier der Stadt „Rößleweg" genannt wird. Auf 54 Kilometer Länge zieht er sich über die Keuperhöhen am Stadtrand, im Westen meist durch prächtige Buchenwälder, im Osten, wo sich das Nesenbachtal zu den lieblicheren Gefilden am Neckarufer hin öffnet, durch Weinberge und Obstgärten. Er beginnt am Aussichtspunkt auf der 417 Meter hohen Geroksruhe, die schon 1890 zu Ehren des Oberhofpredigers und Ehrenbürgers Karl von Gerok gebaut wurde und die einen weiten Blick nicht nur auf die Stadt, sondern darüber hinaus auch in die Weinlandschaft des Remstals und des Neckartals bis hin zum Stromberg und den Löwensteiner Bergen im sogenannten „Unterland" erlaubt.

Der Weg führt weiter über berühmte Stuttgarter Friedhöfe zum Birkenkopf, der mit 511 Metern heute der höchste Berg Stuttgarts ist. Dorthin wurden nach den verheerenden Bombenangriffen während des Zweiten Weltkriegs gut 1,5 Millionen Kubikmeter Trümmerschutt gefahren, der sich in dem engen Talkessel sonst nirgends unterbringen ließ. So entstand auf dem ursprünglich 469 Meter hohen Berg ein 42 Meter hoher künstlicher Hügel, der heute Mahnmal wider den Krieg und beliebter Aussichtspunkt in einem ist. Weiter geht es nach Osten zum Kräherwald, zur Doggenburg, zum Feuerbacher Tal und im großen Bogen über den Neckar bis Fellbach, zum Rotenberg, dem Stammsitz der Württemberger Grafen und Herzöge, und nach Hedelfingen im Osten: lauter Landstriche, die römische Kulturlandschaft mit Straßen, Weinbergen und Kastellen schon waren, als sich im heutigen Stadtgebiet noch die Wildschweine suhlten.

Doch diese Rundschau ist eine vergleichsweise moderne Angelegenheit. Die Stadt begnügte sich bis zum Anfang des 19. Jahrhunderts mit der Enge des Tals. Erst als das Herzogtum Württemberg im Gefolge der napoleonischen Kriege 1806 um das Doppelte vergrößert wurde und zum Königreich avancierte, griff der frischgebackene Regent Friedrich I. höchstpersönlich zur Feder, um seine bis dahin erst 20 000 Einwohner zählende Residenz der neu erworbenen Würde anzupassen. Wer damals bauen wollte, erhielt sogar den Schilfsandstein kostenlos.

Schon vor 500 Jahren kam der Ritter und Humanist Ulrich von Hutten ins Schwärmen, als er die Stadt von oben sah: „Land, Himmel, Berge, Flüsse, Täler, Früchte, alles trefflich. Man könnte Stuttgart das Paradies in Schwaben nennen."

As long as 500 years ago the knight and humanist Ulrich von Hutten was captivated by the view of the city from above: "Land, sky, mountains, rivers, valleys, fruit, all superb. One could describe Stuttgart as paradise in Swabia."

Il y a déjà cinq cents ans, le chevalier et humaniste Ulrich von Hutten s'émerveillait en contemplant la ville des hauteurs: «Paysage, ciel, montagnes, rivières, vallées, fruits, tout y est sublime. On pourrait appeler Stuttgart le paradis de la Souabe.»

Von 1822 bis 1831 sprengte der Ingenieur Eberhard Etzel die Neue Weinsteige in die Sandsteinhänge. Das ist eine für damalige Verhältnisse kühne und kurvenreiche Straße vom Zentrum Richtung Süden auf die Hochebene der „Filder", wo der berühmte Pietisten-Pfarrer Jeremias Hößlin wenige Jahrzehnte zuvor das „Filderkraut" als neue Erwerbsquelle für die armen Bauern eingeführt hatte. Das Filderkraut ist eine besondere Kohlsorte, die in spitzen Köpfen wächst, sauer eingelegt wird und zu den Standardgerichten der noblen wie der einfachen schwäbischen Küche zählt. Die „Filder" waren bis dahin von Stuttgart aus nur über eine enge und steile Steige zu erreichen und hatten manch geschundenem Pferd oder Ochsen den Garaus gemacht. Von nun an wurde die Weinsteige zu einer Verkehrsscheide für ganz Württemberg. An ihr trennen sich württembergisches „Unterland" und „Oberland".

Mit ihren Wohnhäusern indessen blieben die Stuttgarter zunächst im Tal. Obwohl es dort immer enger wurde, obwohl immer neue Vorstädte entstanden, dauerte es doch bis zum Beginn der Industrialisierung um 1850, ehe die Stuttgarter wagten, auch über den Rand ihres Kessels „hinauszugucken". Erst nach und nach kletterten die Häuser die Hänge hinauf, freilich stets begleitet von einem pietistisch schlechten Gewissen ob dieser Eroberung der Umgebung, die der natürlichen Lage der Stadt fremd war.

Der erste, der die Stuttgarter Höhen so richtig in Beschlag nahm, war deshalb auch kein Einheimischer, sondern ein „Reingeschmeckter" aus dem Rheinland: Friedrich Wilhelm Hackländer, Privatsekretär des Kronprinzen Karl, Literat und Lebemann, ein schlanker, hochgewachsener Mann, dem die Stuttgarterinnen gerne zugeflogen wären, hätten sie nur gedurft. Er hat um 1830 so etwas wie die erste „Stuttgarter Szene" gegründet, Zirkel um die Redakteure der berühmten Cotta'schen „Allgemeinen Zeitung", um den Verleger Eduard Hallberger, die Dichter Gustav Schwab und Eduard Mörike. Er war es, der auf der Gänsheide, einer Anhöhe im Süden, sich ein Schlößchen baute und den Stuttgartern beibrachte, daß man in ihrer Stadt nicht nur hinauf, sondern von oben auch auf sie herunterblicken konnte. Von da an wehte ein frischer und fröhlicher Luftzug durch die dem ernsten Fleiß zugewandte Königsstadt.

Aber noch heute stehen viele der stattlichen Villen in der noblen „Halbhöhenlage" verkehrt herum: Die Schaufassade zeigt nicht zum Tal, wo jeder Bürger den Reichtum der Hausbesitzer von weitem bewundern könnte, sondern zum Hang hin, dorthin, wo die Erschließungsstraßen sind. Man ist eben „hehlinge reich", also heimlich, ganz so, wie es der Journalist Joseph Görres Anfang des vergangenen Jahrhunderts beschrieb: Die Schwaben hätten Sinn für die Sache, aber doch nur innerlich. Ihre geistigen Fenster seien stets ein wenig angelaufen, deshalb scheine es „etwas trüblich durch".

P rovinciality, obsession, stagnation. Capital in a basin, unable to peep out over the rim." These bitter words written by Stuttgart Professor Friedrich Theodor Vischer in his 1867 novel "Auch Einer" (Another One) were used to describe the geographical and intellectual situation of what was, at that time, the capital of Württemberg. It is indeed true that Stuttgart, a city of 500,000 inhabitants, does not immediately open itself to strangers. Another nineteenth-century critic wrote that anyone wanting to go to Stuttgart must first pass "through a dark hole." He was referring to the railway tunnel leading from the eastern suburb of Bad Cannstatt to the main station. Many of those who set out to discover Stuttgart feel the same. Whether one approaches the city by high-speed train from the north, or by autobahn and airport from west or south, one always has to surmount barriers of sandstone hills before the city reveals itself, as it then does, in all its abundance and charm. Squeezed together in the valley of a long-buried rivulet called the Nesenbach, the city's appeal first becomes apparent from above. Not very long ago, school buses returning from an evening trip to the theatre used to stop half-way up the Neue Weinsteige. Looking down upon Stuttgart bathed in a sea of light and closely wreathed by beechwoods and vineyards was part of the compulsory programme for the young educated classes. Since 1956 when Stuttgart architect Fritz Leonhard built Süddeutscher Rundfunk's 217-metre-high television tower on Bopser hill and set a standard of engineering for TV towers worldwide, it has been possible to view the city from an even greater height. The panoramic view from 152 metres up is simply not possible from the valley basin.

Recently, Deutsche Bahn, the German railways, decided to make a great cut through the valley and thus solve the longstanding transport problems, at least the rail-related ones, at one blow. Christened "Stuttgart 21," the project envisages an underground long-distance railway station across the valley to replace the old terminal with its space-consuming confusion of tracks. However, the people of Stuttgart are not too keen on this mammoth project. The change seems somehow too drastic for them to be able easily to accept a solution which would revolutionise the townscape.

Because Stuttgart reveals its best aspect from above, in 1983 industrious members of the town beautification society established a circular footpath, the "Rössleweg," named after the horse on the city's coat of arms. This 54-kilometre trail runs across the Keuper heights on the edge of the city, to the west mostly through magnificent beechwoods and to the east, where the Nesenbach valley opens out into the more gentle fields along the banks of the Neckar, through vineyards and orchards. It starts at the viewing platform on the 417-metre Geroksruhe, built in 1890 in honour of the senior court chaplain and freeman of Stuttgart Karl von Gerok. From here one has a broad view not just of the city but beyond into the wine-growing country of the Rems and Neckar valleys as far as the Stromberg and the Löwenstein hills in the so-called "Unterland" (lower country).

The path takes one further through famous Stuttgart graveyards to the Birkenkopf, which at 511 metres is Stuttgart's highest mountain. After the devastating bombing raids of World War II, between 1953 and 1957 over 1.5 million cubic metres of rubble were transported here, since there was no other place for it in the narrow valley basin. This resulted in a 42-metre artificial hill on top of the original 469-metre mountain, which now plays a dual role as a memorial to the horrors of war and a popular viewing point. Further eastwards one passes Kräherwald, Doggenburg, the Feuerbach Valley, in a wide sweep across the Neckar to Fellbach, to Rotenberg, seat of the counts and dukes of Württemberg, and to Hedelfingen in the east. All these places were landscaped by the Romans, who built roads and forts and cultivated vines there when wild boar still wallowed in what is now the city.

Even so, this panorama is a relatively modern affair. Until the early nineteenth century the city contented itself with the valley's confines. Only in 1806 when the Duchy of Württemberg doubled in size in the wake of the Napoleonic wars and became a kingdom did the new king, Friedrich I, seize his pen to ensure that his royal seat, which until then numbered only 20,000 inhabi-

Am Schloßplatz reihen sich um die Jubiläumssäule zum 25. Regierungsjahr König Wilhelms I. das Kunstgebäude (links) und das Neue Schloß mit einem der beiden Schalenbrunnen von Christian von Leins.

On Schlossplatz the Arts Building (left) and the New Palace with one of Christian von Leins' two bowl fountains are ranked around the column erected by the Württemberg estates-general to commemorate the silver jubilee of King Wilhelm I.

Place du château: elle est ornée, en son centre, de la Colonne du Jubilé, élevée pour célébrer les vingt-cinq ans de règne de Guillaume Ier et bordée du Kunstgebäude (Palais des Beaux-Arts, à gauche) et du Nouveau Château avec l'une des deux fontaines-baquets, œuvre de Christian von Leins.

tants, grew in a manner befitting its newfound dignity. At that time anyone wanting to build was even supplied with sandstone free of charge.

Between 1822 and 1831 the engineer Eberhard Etzel blasted the Neue Weinsteige in the sandstone slopes. This is a winding road, bold in concept for its age, from the centre towards the south on the Filder plateau, where the famous pietist pastor Jeremias Hösslin had a few decades previously introduced "Filderkraut" as a new source of income for poor farmers. Filderkraut is a special kind of pointed-head cabbage which is pickled and forms one of the standard dishes of both high-class and everyday Swabian cuisine. Until then the Filder could only be reached from Stuttgart via a narrow, steep track and had finished off many an overworked horse or ox. From that time on the Weinsteige became a traffic artery for the whole of Württemberg, separating the "Unterland" from the "Oberland."

For the time being Stuttgarters continued to build their homes in the valley. Although conditions became more and more cramped, although more and more new suburbs emerged, it was not until around 1850 and the beginning of industrialisation that they ventured to "peep out" over the rim of their basin. Gradually houses began to climb the hillsides, though always accompanied by a pietistic bad conscience about the conquest of surroundings that were foreign to the city's natural location.

Hence the first person really to seize the Stuttgart heights was not a native but an outsider from the Rhineland: Friedrich Wilhelm Hackländer, private secretary to Crown Prince Karl, man of letters and roué, a slim, tall man to whom the Stuttgart ladies would gladly have fled if only they had been allowed to. In around 1830 he founded something like the first Stuttgart "scene," circles of people around the editors of the famous "Allgemeine Zeitung" newspaper, published by Cotta, around the publisher Eduard Hallberger and the poets Gustav Schwab and Eduard Mörike. Hackländer built himself a small palace on the Gänsheide, a small hill to the south of the city, thus teaching the people of Stuttgart that it was possible not just to look up out of the city but down onto it from above. From that time a fresh, cheerful breeze wafted through a royal city dedicated to hard work.

To this day, however, many of the stately residences in the exclusive location halfway up the hill are still back to front. Their fine facades do not face the valley, where every citizen would be able to admire the owners' wealth from afar, but the hillside, where the access roads are. People are "discreetly rich," just as journalist Joseph Görres described them at the beginning of the nineteenth century. The Swabians, he said, understood the point, but only inwardly. Their intellectual windows were always a little misted up, which made the view through them "somewhat murky."

anque d'ouverture au monde, acharnement, stagnation. Les habitants de cette capitale sise au creux d'une cuvette, ne peuvent regarder par-delà les bords.» C'est en ces termes amers que Friedrich Theodor Vischer, professeur de Stuttgart, décrivait, dans son roman «Auch Einer» la situation géographique et spirituelle de la métropole, encore wurtembergeoise à l'époque. En effet, cette ville d'un demi-million d'habitants ne s'ouvre pas, de prime abord, à l'étranger. Quiconque entend se rendre à Stuttgart, devra d'abord passer par un «trou sombre», écrivait un autre critique, au siècle passé, faisant allusion au tunnel du chemin de fer de Rosenheim, reliant Bad Cannstadt, dans la banlieue est, à la gare en impasse de la capitale du Land.

Il en va de même des nombreux visiteurs partis à la découverte de Stuttgart. Qu'ils arrivent du nord, par la nouvelle voie rapide de la Deutsche Bahn, les chemins de fer allemands, de l'ouest ou du sud, par l'autoroute et l'aéroport, ils auront toujours à surmonter les obstacles que constituent les collines de grès avant que la ville ne se manifeste à leurs yeux, dévoilant alors, d'un coup, toute son opulence et sa séduction. Concentrés dans la vallée de la Nesenbach, mince filet d'eau disparu sous terre depuis longtemps, les charmes de cette grande ville se révèlent tout d'abord d'en haut au spectateur. Il n'y a pas si longtemps de cela, des cars entiers d'écoliers revenant du théâtre, s'arrêtaient, la nuit, à mi-hauteur de la «Neue Weinsteige»: contempler la mer de lumières de Stuttgart, enchâssée dans sa couronne de forêts de hêtres et de vignobles, faisait partie des impératifs culturels des jeunes classes sociales cultivées. Et, depuis que Fritz Leonhard, architecte de Stuttgart, à qui l'on doit d'avoir fait considérablement avancé la technique des tours de télévision, construisit, en 1956, sur la colline de Bopser, celle du Süddeutscher Rundfunk (Radio de l'Allemagne du Sud), haute de 217 mètres, la ville peut être découverte d'une perspective encore plus élevée: à 152 mètres d'altitude, se dégage une vue panoramique qu'il n'est pas possible d'avoir de la vallée encaissée.

Il est question, ces derniers temps, que les Chemins de fer allemands opèrent une large coupe à travers la vallée où s'étend Stuttgart. Ils entendent résoudre ainsi, d'un seul coup, du moins dans le domaine du rail, les problèmes de la circulation auxquels la ville se heurte depuis toujours. Le projet «Stuttgart 21» prévoit l'aménagement, en travers de la vallée, d'une gare de grandes lignes souterraine. Elle viendrait remplacer l'ancienne gare en cul-de-sac et l'enchevêtrement envahissant de ses voies. Or, les habitants de Stuttgart hésitent à se lancer dans cette gigantesque entreprise. Le changement qu'elle implique leur semble apparemment trop audacieux pour se faire aussi aisément à une solution qui révolutionnerait la physiognomie de leur ville.

Stuttgart présentant son visage le plus plaisant lorsqu'on le contemple des hauteurs, des

membres actifs du «Verschönerungsverein» (Association pour l'embellissement de la ville) ont, en 1983, aménagé un chemin de promenade circulaire, baptisé «Rößleweg», d'après l'animal héraldique qui orne les armes de la ville. Il s'étire sur une longueur de 54 kilomètres et parcourt les collines à la périphérie urbaine, menant, à l'ouest, en majeure partie, à travers de splendides forêts de hêtres et, à l'est, là où la vallée de la Nesenbach s'ouvre sur les riants paysages des rives du Neckar, à travers vignobles et vergers. Ce chemin commence à 417 mètres d'altitude, au belvédère situé sur le Geroksruhe, construit dès 1890 en l'honneur du grand-prédicateur de la cour et citoyen d'honneur de Stuttgart, Karl von Gerok. Il permet d'avoir une vue panoramique non seulement sur la ville mais encore sur les vignobles de la vallée de la Rems et du Neckar, jusqu'aux collines de Stromberg et de Löwenstein de cette région appelée «Unterland» (Bas-Pays).

Der Weinbau brachte zum Ende des Mittelalters Reichtum und Lebensfreude in das Neckar- und das Remstal. Überall in den Stuttgarter Vororten (wie hier in Rotenberg) sind heute noch Keltern und Besenwirtschaften in Betrieb.

Towards the end of the Middle Ages viniculture brought wealth and cheer to the Neckar and Rems valleys. Everywhere in the Stuttgart suburbs, as here in Rotenberg, one can still find working wine presses and vintners' hostelries.

A la fin du Moyen Age, la viticulture apporta richesse et joie de vivre dans la vallée du Neckar et de la Rems. Partout, dans les faubourgs de Stuttgart (comme ici, à Rotenberg), les pressoirs et les «Besenwirtschaft» (auberges débitant du vin et arborant un balai comme enseigne) sont encore en exploitation.

Traversant plusieurs cimetières célèbres de Stuttgart, le chemin se poursuit jusqu'au Birkenkopf qui, avec ses 511 mètres de hauteur, est le mont le plus élevé de Stuttgart. L'étroitesse de la cuvette ne permettant pas d'autre solution, c'est là que furent déposés les quelque 1,5 million de mètres cubes de décombres que laissèrent les bombarbements dévastateurs de la Seconde Guerre mondiale. Ainsi, un monticule de 42 mètres de haut vint-il se greffer sur cette colline atteignant à l'origine 469 mètres. Elle est, aujourd'hui, à la fois un mémorial contre la guerre et un belvédère très fréquenté. Le chemin continue de serpenter en direction de l'est et du Kräherwald, vers le Doggerburg et la vallée de Feuerbach et enjambe le Neckar en décrivant une vaste courbe. Il mène ensuite jusqu'à Fellbach, sur la colline de Rotenberg où se dresse la demeure ancestrale des comtes et ducs de Wurtemberg pour se diriger, finalement vers Hedelfingen, à l'est. Toutes ces régions avaient déjà été terres de civilisation des Romains, qui y avaient aménagé des routes, planté des vignobles et érigé des places fortes alors que les sangliers se vautraient encore sur le territoire de l'actuelle cité.

Ce tour d'horizon nous présente la métropole sous un aspect relativement moderne. La ville se contenta de l'exiguïté de la vallée jusqu'au début du XIXe siècle. Ce n'est qu'après que le duché de Wurtemberg eut doublé de superficie, à la suite des guerres napoléoniennes, en 1806, et fut promu royaume, que le roi nouvellement couronné, Frédéric Ier, prit en personne l'initiative afin que sa résidence, qui ne comptait alors que 20.000 habitants, s'avère digne du titre qu'elle venait d'acquérir. Quiconque, à l'époque, désirait construire, se voyait offrir le grès gratuitement.

De 1822 à 1831, l'ingénieur Eberhard Etzel aménagea la Neue Weinsteige faisant sauter, à cet effet, le grès des versants. C'était, pour l'époque, une route au tracé audacieux comptant de nombreux virages et menant du centre en direction du sud, vers le plateau des «Filder», champs où le célèbre pasteur piétiste, Jeremias Hößlin, avait introduit, quelques dizaines d'années auparavant, la culture du «chou Filder» qui devait devenir une source de revenus pour les paysans pauvres de cette région. Le «Filderkraut», est une variété particulière de choux se terminant en pointe. Conservés dans la saumure, ils font partie des plats-types de la cuisine souabe, qu'elle soit raffinée ou simple. Les champs où poussait ce

genre de légumes n'étaient alors accessibles que par un étroit raidillon montant à pic de Stuttgart et qui avait coûté la vie à plus d'un cheval ou d'un bœuf s'étant échiné à l'escalader. A partir de ce moment, la Weinsteige devint un goulot d'étranglement pour ce qui est de la circulation dans tout le Bade-Wurtemberg. Elle départage la région en «Unterland» (Bas-Pays) et «Oberland» (Haut-Pays) wurtembergeois.

Les habitants de Stuttgart continuèrent toutefois de vivre dans la vallée. Bien qu'ils y aient été de plus en plus à l'étroit et que de nouveaux quartiers s'y soient sans cesse créés à la périphérie, il fallut attendre le début de l'industrialisation, aux environs de 1850, avant de voir les habitants de Stuttgart «regarder par-dessus le bord» de leur cuvette. Ce n'est que peu à peu que les maisons se mirent à escalader les versants des collines. Cette conquête des abords de la ville, si étrangère à sa situation naturelle, s'accompagna, il est vrai, d'une mauvaise conscience toute piétiste.

On ne s'étonnera donc pas que le premier à avoir ainsi occupé les hauteurs de Stuttgart n'ait pas été un autochtone, mais un «rapporté», venu de Rhénanie: Friedrich Wilhelm Hackländer, secrétaire privé du prince héritier, Karl, homme de lettres et bon vivant, mince et de haute stature, que les femmes mariées de Stuttgart auraient volontiers conquis si elles l'avaient pu. C'est lui qui, en quelque sorte, fonda la première «Szene», cercle de Stuttgart groupé autour des rédacteurs du célèbre journal édité par Cotta, et de l'«Allgemeine Zeitung» que faisait paraître l'éditeur Eduard Hallberger, ainsi que des poètes Gustav Schwab et Eduard Mörike. Mais il fut également le premier à faire construire un petit château sur la Gänsheide, au sud de la ville, enseignant ainsi aux habitants de Stuttgart que l'on pouvait tout aussi bien regarder de leur ville vers les hauteurs que la contempler d'en haut. A partir de ce moment, un vent de fraîcheur et de gaieté commença de souffler sur cette résidence royale, qui in-

clinait, d'ordinaire, au sérieux et à l'assiduité. Pourtant, nombre de villas cossues de la sélecte «Halbhöhenlage» sont, aujourd'hui encore, orientées dans le mauvais sens: l'entrée, du côté de la «belle façade», ne donne pas sur la vallée d'où tout citoyen pourrait admirer la richesse du propriétaire, mais sur la pente de la colline, là où se trouvent les routes d'accès. On est riche, mais «en cachette», comme le décrivait le journaliste Joseph Görres, au début du siècle: «Les Souabes ont le sens des valeurs mais gardent cela pour eux. Leurs fenêtres spirituelles sont toujours un peu embuées et troubles de sorte qu'on ne voit pas très bien à travers.»

Die Halbhöhenlagen gehören zu den beliebtesten und teuersten Wohngebieten der Stadt. Hier entgeht man in schwülen Sommern dem Dunst des Talkessels, und auch der Lärm der Schwabenmetropole kriecht nur in gedämpfter Form die Hänge hinauf.

Hillside locations are among the most popular and most expensive of the city's residential areas. Up here on muggy summer days one escapes the fumes of the valley basin, and the noise of the metropolis creeps up the slopes in muffled form.

Les sites à mi-hauteur des collines font partie des zones résidentielles les plus prisées et les plus chères de la ville. Lorsque les chaleurs de l'été se font lourdes, on y est protégé des brumes recouvrant la cuvette et le bruit de la métropole souabe ne monte qu'assourdi vers les hauteurs.

„Stadt im Kessel, blickten
nicht oben hinaus", schrieb
ein Kritiker über Stuttgart.
Von der Neuen Wein-
steige dagegen reicht der
Blick über den „Tagblatt"-
Turm und die ehemalige Ro-
tebühlkaserne (Bild-
mitte links) bis zur Doggenburg jenseits des Kessels.

"City in a valley, where
people look neither up nor
out," wrote one critic about
Stuttgart. Yet from the Neue
Weinsteige you have a
view over and beyond the
"Tagblatt" tower and the former Rotebühl Barracks
(centre) to Doggenburg beyond the valley.

«Ville encaissée dans une
vallée, ses habitants ne peuvent regarder par-delà les
bords» a écrit un critique au
sujet de Stuttgart. De la
«Neue Weinsteige» par
contre, on a vue sur la tour
du «Tagblatt», le quotidien
régional, et sur l'ancienne
caserne Rotebühl (centre
gauche de la photo) jusqu'à
Doggenburg au-delà de la
vallée.

Die schönsten Eindrücke vom Neckartal erhalten die Besucher bei einer Schiffsfahrt von Bad Cannstatt nach Marbach oder weiter hinunter. An den steilen Hängen des Muschelkalks wachsen berühmte Tropfen, die mit Namen wie Hessigheim oder Mundelsheim verbunden sind.

Visitors will find the finest view of the Neckar Valley is from a boat trip from Bad Cannstatt to Marbach or further downstream. Very special wines, associated with names such as Hessigheim and Mundelsheim, grow on the steep muschelkalk slopes.

Les visiteurs auront les plus belles impressions de la vallée du Neckar en faisant une croisière de Bad Cannstatt à Marbach, ou même plus loin. Les vignes qui poussent sur les versants abrupts de calcaire conchylien donnent de fameux vins portant des noms tels que Hessigheim et Mundelsheim.

Eine Postkartenansicht: Von
der Neuen Weinsteige
schweift der Blick weit nach
Westen über die Sonnen-
berger Villen bis nach Hes-
lach. Eine Zahnradbahn
führt (im Bild von rechts un-
ten nach links oben) vom
Marienplatz bis Degerloch.

A picture-postcard view:
From Neue Weinsteige you
can look far west, past the
villas of Sonnenberg to Hes-
lach. From the bottom right
to the top left of the picture,
a rack railway runs from
Marienplatz to Degerloch.

Une vue de carte postale
s'offre au regard que le visiteur laisse errer de la
«Neue Weinsteige» vers
l'ouest au-delà des villas de
Sonnenberg jusqu'à Hes-
lach. Un chemin de fer à cré-
maillière (du coin inférieur
droit de la photo au coin
supérieur gauche) conduit de
la Marienplatz à Degerloch.

In den letzten zehn Jahren
hat die Stadt große Anstren-
gungen unternommen, um
den Einzelhandel in der City
zu halten. Die Karlspassage
zwischen Eberhardstraße
und Karlsplatz ist eines der
jüngsten Ergebnisse dieser
Politik.

Over the past ten years the
city has undertaken strenu-
ous efforts to ensure that re-
tail traders stay in business
in the city centre. The
Karlspassage arcade be-
tween Eberhardstrasse and
Karlsplatz is one of the latest
results of this policy.

Au cours des dix dernières
années, la ville a entrepris de
gros efforts pour conserver
les petits commerces dans le
centre. Le «Karlspassage»,
arcade commerciale, entre
Eberhardstraße et Karlsplatz
est le dernier résultat de
cette politique.

Zur Belebung der Innenstadt als Einkaufs- und Flanier- zentrum gehören auch neue Ideen, mit denen die urge- mütliche schwäbische Gastronomie angereichert wird. So stellt sich auch schon mal der Küchenchef in Pappmaché vor seine bäu- erliche Biedermeier-Kom- mode.

With new ideas needed to reanimate the city centre as a shopping area and a place to take a stroll, Swabian home cooking has definitely en- riched the catering trade. A papier-mâché chef is oc- casionally seen in front of his Biedermeier farm- house dresser to welcome customers.

Pour faire du centre-ville une zone commerciale et un lieu de flânerie animé, il faut de nouvelles idées qui servent en même temps à mettre en valeur la bonne cuisine locale. Ainsi, on associe parfois un chef de cuisine en papier-mâché et une commode Biedermeier rustique.

Seit die Bahn das Gelände des alten Güterbahnhofs freigegeben hat, ist am Hauptbahnhof ein hochmodernes Bankenzentrum entstanden. Paul Bonatz' Kopfbahnhof aus Naturstein hat so Konkurrenz aus Glas, Stahl und Beton bekommen.

Since the railways abandoned the site of the old goods sheds, a state-of-the-art banking centre has taken shape near the main station. So the masonry of Paul Bonatz's fine old railway station now faces competition made of plate-glass, steel and concrete.

Depuis que les chemins de fer ont abandonné le terrain des vieux entrepôts à marchandises, un centre bancaire ultra-moderne a vu le jour. La gare de tête de ligne en pierres de taille, œuvre de Paul Bonatz, a ainsi de la concurrence en verre, acier et béton.

Mehr als hundert Jahre Autogeschichte sind im Daimler-Benz-Museum zu besichtigen. Sie beginnt bei den Anfängen im Jahr 1882 von Gottlieb Daimler und Carl Benz in einem kleinen Backsteinhäuschen in Bad Cannstatt und reicht über den legendären „Silberpfeil" (Bildmitte) bis zu den modernsten Produkten der schwäbischen Autobauer.

Over a century of automobile history is on show in the Daimler-Benz Museum. It began in 1882 when Gottlieb Daimler and Carl Benz set up in business in a small redbrick building in Bad Cannstatt and extends to cars like the legendary Silberpfeil (Silver Arrow, centre) and even the latest models manufactured by the Stuttgart carmaker.

Plus de cent ans de l'histoire de l'automobile sont présentés au musée Daimler-Benz. On commence la visite avec les débuts de Gottlieb Daimler et Carl Benz, en 1882, dans une petite maison de briques à Bad Cannstatt. Ensuite on peut admirer la fameuse «Silberpfeil» («Flèche d'argent») au centre pour arriver aux productions les plus modernes des constructeurs automobiles souabes.

Heimat des Fußballvereins VfB Stuttgart ist das „Gottlieb-Daimler-Stadion" am rechten Ufer des Neckars und in unmittelbarer Nähe der Autofirma, deren Gründer den Namen für die Sportarena gab. Ehedem eine eher bescheidene Anlage, ist das Stadion mehrfach großzügig erweitert und modernisiert worden.

The Gottlieb Daimler Stadium on the right bank of the Neckar, adjoining the carmaker whose founder's name the ground bears, is the home of Bundesliga soccer club VfB Stuttgart. It used to be a modest playing facility but has more than once been generously enlarged and modernised.

Le stade Gottlieb Daimler, sur la rive droite du Neckar et non loin de l'usine automobile dont le fondateur lui donna le nom, est le domicile du club de football VfB Stuttgart. Autrefois de dimensions modestes, il constitue aujourd'hui, après plusieurs agrandissements, un complexe sportif ultra-moderne.

Daß Stuttgart einmal Großstadt werden sollte, die Metropole des zweitgrößten Verdichtungsgebiets in der Bundesrepublik Deutschland obendrein, war der Kommune nicht in die Wiege gelegt. Alles, was eine Stadt gemeinhin ausmacht, fehlte, als das Herz Schwabens irgendwann im 12. Jahrhundert zu schlagen begann. Die Römer mieden den sumpfigen Flecken im Tal des Nesenbachs. Sie siedelten statt dessen mit ihrem Kastell an den warmen Heilwässern im fünf Kilometer entfernten Cannstatt, wo sich Straßen und Flüsse kreuzten und der Wein an den Hängen glühen sollte. Auch die Alemannen und Merowinger ließen den verschwiegenen Ort links liegen, richteten ihr Königsgericht auf römischem Boden in Cannstatt ein und bauten dort eine Missionskirche, von der aus sie das Neckartal christianisierten.

Lange Zeit blieb Stuttgart so das Aschenputtel der Stadtentwicklung im Südwesten. Es gab keinen mächtigen Strom und keinen Bischofssitz wie in Köln oder Basel, keine weltausgreifende See wie in Hamburg, Lübeck oder Rostock. Die Handelsströme zwischen Mailand, Frankfurt und Prag, die Augsburg oder Nürnberg zu Wohlstand und Bedeutung aufschießen ließen, suchten sich Kristallisationspunkte in der Stuttgarter Nachbarschaft wie in Waiblingen und in Esslingen. Diese Städte machten schon mit dem halben Abendland ihre Geschäfte, als am Nesenbach noch der Hahnenfuß wucherte. Es gab zwar viele befestigte Plätze wie Gaisburg, Gablenberg oder Altenburg, Missionskirchen wie die frühgotische Veitskirche (1380–1390) in Münster, alle heute Stuttgarter Vororte; aber es gab noch keine Stadt Stuttgart, die diesen Namen auch verdient hätte. Fast schien es, als ob die Stadt gegründet worden sei wie Gottfried Kellers Seldwyla: Es wurde „eine halbe Stunde von einem schiffbaren Fluß angepflanzt, zum deutlichen Zeichen, daß daraus nichts werden sollte".

Warum dann doch ein Graf Ulrich von Württemberg im 13. Jahrhundert, am Ende der Stauferherrschaft, auf die Idee kam, seinen „Stutengarten", nämlich ein Gestüt, zu einer Wasserburg auszubauen und so seinem bisherigen Streubesitz mitten im Sumpf des Nesenbachs ein Zentrum für seine Machtgelüste zu geben – das gehört zu den vielen unergründlichen Launen der Geschichte. Jedenfalls steht eines fest: Anders als die vielen Reichsstädte im Südwesten, wo der bürgerschaftliche Wille Platz griff, hat Stuttgart von Anfang an ein fürstliches Gepräge gehabt. Sein Schicksal ist eng verbunden mit dem Aufstieg des württembergischen Herrschergeschlechts zur südwestdeutschen Großmacht.

Stuttgart blieb deshalb eine Fürstenstadt bis zur Revolution von 1918. Dieser Gegensatz zwischen den reichsstädtischen Bürgern und den Bauern im Land und dem Feudalismus in der Metropole prägt das Verhältnis zwischen Stuttgart und seiner Umgebung noch heute. „Stuttgart zu

kritisieren ist einfach schick", formulierte der frühere Oberbürgermeister Manfred Rommel. Bis vor kurzem pflegte der Regierungspräsident von Tübingen, Max Gögler, sein Verhältnis zu Stuttgart, den alemannischen Stammesbrüdern der Schwaben in der Schweiz und den ehemaligen habsburgischen Herrschern im südlichen Landesteil Württembergs wie folgt zu charakterisieren: „In Zürich sitzen unsere Verwandten, in Bregenz unsere Freunde und in Stuttgart unsere Vorgesetzten."

In Stuttgart saßen nun einmal jene Grafen und Herzöge, die der Metropole ihren feudalen Stempel aufdrückten und auch für vielerlei Unheil verantwortlich waren. Ein Herzog Carl Eugen ließ 1777 den Dichter Christian Friedrich Daniel Schubart für zehn Jahre auf der Festung Hohenasperg festsetzen, weil dieser sich in einem Gedicht kritisch über den Verkauf württembergischer Soldaten an die Niederländisch-Ostindische Kompanie zum Einsatz am Kap der guten Hoffnung geäußert hatte. Derselbe Fürst war es auch, vor dessen absolutistischen Launen Friedrich Schiller 1782 ins kurpfälzische Ausland nach Mannheim floh, wo sein Schauspiel „Die Räuber" im selben Jahr uraufgeführt wurde. Dies alles konnte geschehen, obwohl die ständischen Vertreter der Städte und Ämter des Landes den Fürsten im berühmten „Tübinger Vertrag" von 1514 die ersten wahrhaft demokratischen Mitwirkungsrechte auf europäischem Boden abgerungen hatten.

Stuttgart, das ist für die Schwaben aber auch die Stadt ihres Kirchenreformators Johannes Brenz und ihres Chefphilosophen Georg Wilhelm Friedrich Hegel, die Verlagsstadt mit Johann Friedrich Cotta und der Württembergischen Bibelanstalt, die Industriemetropole mit Gottlieb Daimler und Robert Bosch und nicht zuletzt das kulturelle Zentrum des Landes, angefangen bei Eduard Mörike bis hin zur legendären Ballett-Compagnie um John Cranko und Marcia Haydée.

Daß aber die Stadt bis tief ins 19. Jahrhundert stets nur eine „Residenz auf Abruf" gewesen ist, auch das gehört zum merkwürdig gespaltenen Selbstbewußtsein dieser Metropole. Abhängig von Fürstenwillkür, mußte man in Stuttgart über Jahrzehnte hinweg immer wieder bangen, ob dieser Glanz denn auch von Dauer sei. 1705 ließ Herzog Eberhard Ludwig für sich und seine Mätresse ein riesiges Lustschloß auf der grünen Wiese in Ludwigsburg bauen. Kein Wunder, daß die württembergischen Stände Eberhard Ludwigs Enkel, den damals 16jährigen Herzog Carl Eugen, 1744 unter Androhung der Steuerverweigerung verpflichteten, die Residenz sofort nach Stuttgart zurückzuverlegen.

Der Stuttgarter Schloßgarten ist nicht nur grüne Lunge und Spazierpromenade. Mit Statuen von Schiller, des Grafen Eberhard, einer Rossebändigergruppe und anderen Skulpturen des Klassizismus gleicht er einem Freilichtmuseum.

Stuttgart's Schlossgarten is not just a green breathing space and favourite place for walks. Statues of Schiller, Count Eberhard, a group of horse-tamers and other classical sculptures make it resemble an open-air museum.

Le jardin du Château de Stuttgart ne fait pas seulement fonction de poumon vert et de lieu de promenade. Les statues de Schiller, du comte Eberhard, le groupe réfrénant des chevaux, et d'autres sculptures datant du classicisme en font un musée à ciel ouvert.

Daß Stuttgart Residenz blieb, ließen sich die Landstände auch einiges kosten. Weil Carl Eugen das Alte Stuttgarter Schloß gar zu häßlich und bescheiden erschien, spendierten sie ihm eine neue, „eine Seiner fürstlichen Dignität konvenable Wohnung" für 600 000 Gulden und einen jährlichen Baukostenzuschuß von einem Sechstel des gesamten Landessteueraufkommens. Bei der Grundsteinlegung schwor Carl Eugen nochmals, daß „Sterbensläufe und andere nicht vorausgesehene Fatalitäten und Unglücksfälle ausgenommen, Sitz des Hofs und der Regierung beständig in Stuttgart bleiben und gehalten werden, auch das unwiderrufliche, gnädge Privilegium und die Gerechtigkeit einer ordentlichen fürstlichen Residenz auf ewige Zeiten konfirmiert seyn sollte".

Trotzdem hatte der Fürst die gewerbefleißigen und vom Hofstaat abhängigen Stuttgarter in der Hand. Wann immer die selbstbewußten Landstände allzusehr auf ihre im Tübinger Vertrag von 1514 erworbenen demokratischen Rechte gegenüber dem Fürsten pochten, drohte der Herzog mit dem Umzug nach Ludwigsburg. Selten einmal dürfte in jenen unruhigen Zeiten das „Herr bleibe bei uns" so inbrünstig gebetet worden sein. „Hurenburg" nannten die frommen Stiftsprediger diese großzügige barocke Schloßanlage mit ihren vielen Suiten, und noch heute muß sich Ludwigsburg im Volksmund hin und wieder „Lumpenburg" heißen lassen.

1949 gar machte sich Stuttgart anheischig, Hauptstadt der Bundesrepublik Deutschland zu werden. Schon der „Länderrat der amerikanischen Zone", die Vereinigung der Ministerpräsidenten, hatte nach 1945 in der Stadt getagt, und als in Bonn die Entscheidung über den Sitz der neuen Bundesregierung und des Bundestages anstand, da boten die süddeutschen Politiker das unzerstörte Ludwigsburger Schloß an, in dem sämtliche Bundesministerien hätten Platz finden können. Daraus wurde nichts.

Statt dessen gab es kaum ernsthafte Diskussionen, als die Rolle Stuttgarts als Hauptstadt ein letztes Mal hätte in Frage gestellt werden können: 1952, als sich die in Besatzungszonen geteilten Länder Württemberg-Baden, Württemberg-Hohenzollern und (Süd-)Baden zum Südweststaat vereinigten. Zwar hatte die badische Metropole Karlsruhe ebenfalls Ambitionen, Regierungssitz des vereinigten Bundeslandes zu werden. Doch sprachen am Ende die geografische Lage im alten wie neuen Land sowie die gewerbliche Ballung für Stuttgart als baden-württembergische Landeshauptstadt. Aber immer noch wacht die badische Konkurrentin Karlsruhe mit Argusaugen darauf, daß der Großraum Stuttgart nicht das einzige Zentrum des Landes bleibt.

It was by no means clear from the outset that Stuttgart would become a city and the metropolis of Germany's second largest conurbation too. When the heart of Swabia began to beat sometime in the twelfth century, there were none of the attributes which generally make up a city. The Romans avoided the marshy spot in the Nesenbach valley, instead building their encampment five kilometres away by the healing waters of Cannstatt, where roads and rivers crossed and vines were said to glow on the hillsides. The Alemanni and Merovingians, too, bypassed the secluded place and set up their royal court of justice on Roman soil in Cannstatt, where they also built a mission church that served as a base for converting people in the Neckar valley to Christianity.

Thus for many years Stuttgart remained the Cinderella of urban development in south-west Germany. There was no mighty river and no diocesan headquarters as in Cologne or Basle, no sea reaching out to the world as in Hamburg, Lübeck or Rostock. The trade routes between Milan, Frankfurt and Prague which assisted Augsburg or Nuremberg to prosperity and significance sought crystallisation points in places near Stuttgart like Waiblingen and Esslingen. These towns were already doing business with half the western world when buttercups were still growing by the Nesenbach. Admittedly, there were many fortified spots like Gaisburg, Gablenberg or Altenburg and mission churches like the early Gothic Veitskirche (1380–1390) in Münster. All these places are now suburbs of Stuttgart. But there was no town of Stuttgart to speak of. It seemed almost as if the city was founded like Swiss writer Gottfried Keller's Seldwyla, which was "established half an hour's journey from a navigable river as a clear sign that nothing was to come of it."

It remains one of the inexplicable whims of history why in the thirteenth century a certain Count Ulrich of Württemberg hit upon the idea of extending his "Stutengarten," or stud, into a moated castle, thus establishing a centre for his aspirations to power in what had been a scattered estate in the midst of the Nesenbach marsh. One thing, however, is clear. Unlike the many imperial cities in the south-west, where the will of the citizens gained a hold, Stuttgart was from the very outset stamped by princes. Its fate is closely tied up with the rise of the Württemberg ruling dynasty to become a major south-western power. Hence Stuttgart remained a royal city until the 1918 revolution. Even now this contradiction between the residents of the imperial cities, the farmers in the countryside and the feudalism in the metropolis characterises the relationship between Stuttgart and its surroundings. "It is just fashionable to criticise Stuttgart," said the city's former mayor, Manfred Rommel. Until recently Max Gögler, head of the Tübingen administrative region, used to characterise his relationship with Stuttgart, the Alemannic brothers of the Swabians in Switzerland and the former Habsburg rulers in the southern region of Württemberg as follows: "The people in Zurich are our relatives, those in Bregenz our friends and those in Stuttgart our superiors."

Stuttgart was the seat of counts and dukes who made their feudal mark on the metropolis and were also responsible for all manner of wrongs. In 1777 Duke Carl Eugen had the poet Christian Friedrich Daniel Schubart imprisoned for ten years in Hohenasperg fortress because he had written a poem critical of the sale of Württemberg soldiers to the Dutch East India Company to fight in the Cape of Good Hope. In 1782, to avoid the absolutist whims of the selfsame duke, Friedrich Schiller fled to Mannheim in the Palatinate, where his drama "Die Räuber" had its first performance in the same year. All this could happen despite the fact that in the famous Treaty of Tübingen in 1514 the holders of office in the state and the estates-general in the cities had succeeded in getting the princes to concede the first truly democratic rights of participation on European soil.

For the Swabians, however, Stuttgart is also the city of the church reformer Johannes Brenz and their great philosopher Georg Wilhelm Friedrich Hegel, of publisher Johann Friedrich Cotta and of the Württemberg Bible Institute. It is the metropolis of industrialists like Gottfried Daimler and Robert Bosch and last but not least the state cultural centre, ranging from Eduard Mörike to the legendary ballet company led by John Cranko and Marcia Haydée.

Bad Cannstatt war schon eine römische Siedlung, als es Stuttgart noch gar nicht gab. Der 1905 eingemeindete Vorort entwickelte sich rasch zu einer Mischung aus Kurort und Industrieviertel.

Bad Cannstatt was a Roman settlement when Stuttgart did not even exist. The town, which was incorporated into Stuttgart in 1905, rapidly developed into a mixture of spa and industrial suburb.

Bad Cannstatt était déjà une colonie romaine alors que Stuttgart n'existait pas encore. Ce faubourg rattaché administrativement à Stuttgart en 1905, se transforma rapidement en un mélange de station thermale et de quartier industriel.

The fact that until well into the nineteenth century Stuttgart was always only a "stand-by royal seat" has also made its mark on the city's strangely dichotomous self-awareness. For decades it was dependent on royal caprice and always unsure whether its glory would last. In 1704 Duke Eberhard Ludwig had a gigantic summer palace built for himself and his mistress in the countryside near Ludwigsburg. No wonder that in 1744 the people of Württemberg threatened to stop paying taxes until Ludwig's grandson, 16-year-old Duke Carl Eugen, agreed to transfer the royal seat back to Stuttgart.

However, people had to pay for having Stuttgart remain a royal capital. Because Carl Eugen found the old Stuttgart palace too ugly and modest, they donated him a new "residence fitting his royal dignity" at a cost of 600,000 guilders plus an annual building subsidy of one sixth of the state's total tax revenue. When the foundation stone for the new palace was laid, Carl Eugen once again swore that "except in the event of mortal events and other unforeseen fatalities and accidents, the royal court and the government will remain and be maintained permanently in Stuttgart, and that the irrevocable, merciful privilege and justice of a royal court should be confirmed for all eternity."

Zeugen des Wiederaufbaus nach dem Zweiten Weltkrieg: der Marktplatz und die Stiftskirche, das Wahrzeichen der Stadt.

The market square and the Stiftskirche, the city's emblem, provide testimony to post-war reconstruction.

Témoins de la reconstruction après la Seconde Guerre mondiale: la Place du Marché et la tour de la collégiale, l'emblème de la ville.

Even so the prince had the people of Stuttgart, industrious in trade and dependent on the royal household, in the palm of his hand. Whenever the self-assured estates-general pressed their ruler too strongly on the democratic rights gained through the 1514 Treaty of Tübingen, the duke threatened to move to Ludwigsburg. The prayer "Lord be with us" can scarcely ever have been uttered with such fervour as in those troubled times. Pious clergymen called the generously-proportioned multi-suited Baroque palace complex "Hurenburg" (whores' castle) and even now local people occasionally refer to Ludwigsburg as "Lumpenburg" (rascals' castle).

In 1949 Stuttgart fancied its chance of becoming the capital of the Federal Republic of Germany. The council of states in the American zone, the association of prime ministers, had been meeting in the city since 1945, and when Bonn was about to be chosen as the seat of the new federal government and parliament, the south German politicians offered Ludwigsburg Palace, which had not been destroyed in the bombing and which could have accommodated all the federal ministries. Nothing came of it.

However, on the last occasion when Stuttgart's role as state capital might have been called into question, there was hardly any serious discussion. That was in 1952, when the states of Württemberg-Baden, Württemberg-Hohenzollern and (South) Baden, divided into zones of occupation, united to become one south-western state. Admittedly Karlsruhe, the capital of Baden, also had aspirations to become the seat of government of the united state. However, in the end its geographical position in both the old and the new state and its place as a business centre were in favour of Stuttgart as the capital of Baden-Württemberg. Even so, to this day its Baden rival, Karlsruhe, keeps an eagle eye to ensure that greater Stuttgart does not remain the state's only centre.

Que Stuttgart se métamorphoserait un jour pour devenir une grande ville et la métropole de la deuxième zone de concentration urbaine en Allemagne, n'était pas congénital à cette commune. Tout ce qui, normalement, constitue l'essence d'une ville était encore inexistant lorsque le cœur de la Souabe se mit à battre, à une époque indéterminée du XIIe siècle. Les Romains évitaient ce hameau marécageux, encaissé dans la vallée du Nesenbach. Ils préférèrent dresser leurs forts près des sources d'eaux curatives de Cannstatt, situé à 5 kilomètres de là, juste à l'endroit où routes et rivières se croisaient et où le raisin devait mûrir plus tard à flanc de coteau. Les Alamans et les Mérovingiens se tenaient, eux aussi, à l'écart de cette localité isolée et établirent leur tribunal royal à Cannstatt, sur le sol auparavant occupé par les Romains, y construisant une église de mission d'où ils essaimèrent pour christianiser la vallée du Neckar.

Ainsi, la ville de Stuttgart demeura-t-elle longtemps, sur le plan du développement urbain, la cendrillon du sud-ouest du pays. Il n'y avait ni fleuve puissant, ni évêché, comme à Cologne ou à Bâle, ni mer la reliant au monde ainsi qu'il en est le cas à Hambourg, Lübeck ou Rostock. Les courants commerciaux existant entre Milan, Francfort et Prague, qui valurent prospérité et importance à Augsbourg ou Nuremberg, se cristallisèrent de préférence dans le voisinage de Stuttgart, à Waiblingen, par exemple, ou encore à Esslingen. Ces villes commerçaient déjà avec la moitié des pays de l'Occident, à l'époque où les berges du Nesenbach étaient encore envahies par les renoncules. Certes, il existait de nombreuses places fortifiées, telles Gaisburg, Gablenberg, des églises de mission, comme la Veitskirche (1380–1390), à Münster, de style ogival primaire, villages qui font tous aujourd'hui partie de la banlieue de Stuttgart. Mais il n'y avait pas encore de ville de Stuttgart qui eût mérité ce nom. On aurait pu croire que la cité avait été fondée à la manière dont le fut la «Seldwyla» du roman de Gottfried Keller: «Elle fut plantée à une demi-heure de distance d'une rivière navigable afin de démontrer visiblement qu'il n'en sortirait rien.»

La raison pour laquelle un comte du nom de Ulrich von Wurtemberg eut, au XIIIe siècle, vers la fin du règne des Hohenstaufen, l'idée d'agrandir son «Jardin des Juments», à savoir son haras, pour en faire un château entouré d'eau et de créer ainsi, au beau milieu des bas-fonds marécageux du Nesenbach, un centre d'où il administrerait ses possessions éparpillées jusqu'alors, expression de sa soif de pouvoir, fait partie des nombreux caprices insondables de l'Histoire. Une chose, en tout cas, est certaine: à la différence des nombreuses autres villes d'empire du sud-ouest de l'Allemagne, où la volonté du tiers état s'imposait de plus en plus, Stuttgart eut, dès le début, un caractère princier. Sa destinée est étroitement liée à l'ascension de la dynastie wurtembergeoise qui devait exercer son pouvoir sur le sud-ouest de l'Allemagne.

Ainsi Stuttgart demeura-t-elle ville princière jusqu'à la révolution de 1918. La disparité existant entre les habitants des villes impériales ainsi que ceux des campagnes, d'une part, et le féodalisme régnant dans la métropole, d'autre part, caractérise les rapports que Stuttgart continue d'entretenir de nos jours avec ses environs. «Critiquer Stuttgart est tout simplement chic», déclarait l'ancien premier bourgmestre, Manfred Rommel. Récemment encore, le préfet de Tübingen, Max Gögler, exprimait en ces termes sa façon de percevoir Stuttgart, les frères alamans des Souabes en Suisse et les anciens souverains habsbourgeois de la partie sud du pays de Wurtemberg: «Notre parenté est domiciliée à Zurich, nos amis à Bregenz et nos supérieurs à Stuttgart.»

C'est à Stuttgart que résidaient ces comtes et ducs qui marquèrent de leur sceau féodal la métropole et qui sont responsables des infortunes qu'elle connut. Un duc du nom de Carl Eugen condamna le poète Christian Friedrich Daniel Schubart à passer dix ans de prison à la forteresse de Hohenasperg pour avoir, dans un de ses poèmes, manifesté sa critique à propos de la vente de soldats wurtembergeois à la Compagnie néerlandaise des Indes orientales qui les envoyait se battre au Cap de Bonne Espérance. C'est devant les caprices absolutistes de ce même prince que, Friedrich Schiller dut en 1782, fuir «à l'étranger», plus exactement à Mannheim, dans le Palatinat électoral, où sa pièce de théâtre, «Les Brigands», fut représentée pour la première fois la même année.

Tout cela advint alors que les représentants des trois ordres des villes et petites communes de la province avaient déjà arraché aux princes les premiers droits véritablement démocratiques de participation à la vie politique sur le sol européen, dans le fameux «Accord de Tübingen», signé en 1514.

Pour les Souabes, Stuttgart est également la ville de Johannes Brenz, leur réformateur en matière de religion, de Georg Wilhelm Friedrich Hegel,

leur plus grand philosophe, la ville de l'édition représentée par Johann Friedrich Cotta et la Württtembergische Bibelanstalt (établissement pour la propagation de la Bible), la métropole industrielle que symbolisent Gottlieb Daimler et Robert Bosch, tout comme elle constitue le centre culturel du pays, à commencer par Eduard Mörike jusqu'à la légendaire Compagnie de Ballets qui se créa autour de John Cranko et Marcia Haydée.

Que la ville n'ait été toutefois qu'une «résidence sur appel» jusque vers la fin du XIXe siècle, a également contribué à l'étrange ambivalence de caractère de cette métropole. Dépendant de l'arbitraire des princes, la ville de Stuttgart dut, pendant des décennies, sans cesse craindre de voir, à la longue, se ternir son éclat. C'est à Ludwigsburg, en pleine nature, qu'en 1704, le duc Eberhard Ludwig fit construire un château de plaisance pour ses propres besoins et ceux de sa maîtresse. Rien d'étonnant donc à ce que les ordres wurtembergeois aient contraint, en 1744, le duc Carl Eugen, petit-fils alors âgé de 16 ans d'Eberhard Ludwig, à retransférer immédiatement à Stuttgart sa résidence, sous la menace du refus de payer leurs impôts.

Les ordres de cette province étaient prêts à payer fort cher pour que Stuttgart demeure lieu de résidence. L'Altes Schloß (Vieux Château) de Stuttgart paraissant trop laid et trop modeste aux yeux de Carl Eugen, les états lui firent cadeau, pour une somme de 600 000 florins, d'un «logement convenant à sa dignité princière», et lui offrirent, de surplus, une contribution annuelle aux frais de construction, de l'ordre d'un sixième de l'ensemble des recettes fiscales du pays. Lors de la pose de la première pierre, Carl Eugen jura encore une fois que, «exception faite de décès et autres infortunes imprévisibles, Stuttgart demeurerait et serait maintenu siège de la cour et du gouvernement et que seraient confirmés, pour l'éternité, l'irrévocable et bienveillant privilège et le droit d'avoir une résidence princière adéquate.»

Et pourtant, le prince continua de maintenir sous sa coupe les habitants de Stuttgart, petits artisans industrieux et dépendants de la cour. Chaque fois que les états, conscients de leur propre rôle, faisaient valoir leurs droits vis-à-vis du prince en vertu des principes démocratiques garantis par l'Accord de Tübingen signé en 1514, le duc menaçait d'aller s'installer à Ludwigsburg.

En ces temps mouvementés, rarement la prière «Seigneur reste auprès de nous» ne fut dite avec autant de ferveur. «Hurenburg» (Château des prostituées), c'est ainsi que les pieux prédicateurs appelaient cet ensemble baroque de vastes dimensions, doté de nombreuses suites. De nos jours encore, Ludwigsburg se voit parfois qualifié, dans le langage populaire, de «Lumpenburg», «Château des gueux».

En 1949, Stuttgart se fit fort de devenir capitale de la République fédérale d'Allemagne. Le «Conseil des Länder de la zone américaine», assemblée des ministres-présidents, s'était déjà réuni dans la ville, en 1945, lorsque fut abordée, à Bonn, la question de savoir laquelle des villes d'Allemagne deviendrait siège du nouveau gouvernement fédéral et du Parlement. Les responsables politiques d'Allemagne du Sud proposèrent alors le château de Ludwigsburg, demeuré intact, où tous les ministères fédéraux auraient pu trouver place. Mais il n'en fut rien.

Il n'y eut, en revanche, aucune discussion notable, au cours de laquelle le rôle de Stuttgart en tant que capitale du Land aurait pu, une dernière fois, être remis en question: en 1952, année où les différentes zones d'occupation qu'étaient le Bade-Wurtemberg, le Wurtemberg-Hohenzollern et la Bade (Sud) s'unirent pour former l'Etat de l'Allemagne du sud-ouest. Certes, Karlsruhe, capitale badoise, nourrissait, elle aussi, l'ambition de devenir siège du gouvernement du Land réunifié. Mais la situation géographique de l'ancien et nouveau Land, de même que la concentration commerciale et industrielle firent définitivement pencher la balance en faveur de Stuttgart qui devint capitale du Land de Bade-Wurtemberg. Toutefois sa concurrente badoise, Karlsruhe, ne cesse de veiller, avec des yeux d'Argus, à ce que la conurbation de Stuttgart ne reste pas le seul centre du pays.

Dort, wo einst die „Hohe Carlsschule" stand, bauten die Architekten Kurt Viertel, Horst Linde und Erwin Heinle von 1959–1961 den luftigen Quader des Landtagsgebäudes.

On the site of the former Hohe Carlsschule school, between 1959 and 1961 architects Kurt Viertel, Horst Linde and Erwin Heinle erected the airy, four-square Landtag, or state assembly, building.

Là où se trouvait naguère la «Hohe Carlsschule», les architectes Kurt Viertel, Horst Linde et Erwin Heinle érigèrent le bâtiment d'aspect vaporeux et de forme rectangulaire abritant le Parlement du Land.

Im Alten Schloß vereint
sich die trutzige Wehrburg
aus dem Mittelalter mit
den grazilen Arkaden der
Renaissance. Der Innen-
hof öffnet sich zum Schillerplatz hin durch einen
Altan (rechts im Bild), Ausdruck für die neue, offene
Staatsidee des frommen
Herzogs Christoph
(1550–1568).

The Altes Schloss, or Old
Palace, is a combination of
sturdy mediaeval fortress
and delicate Renaissance arcades. The inner courtyard
opens onto Schillerplatz via
a balcony (right) that lends
expression to the new, open
concept of the state espoused
by the pious Duke Christoph
(1550–1568).

Les élégantes arcades de
la Renaissance forment un
ensemble avec la vieille
place forte médiévale qu'est
le Vieux Château. La cour
intérieure s'ouvre sur la
Schillerplatz par une plate-
forme (à droite sur la
photo), symbolisant la
conception innovative de
l'Etat du pieux duc
Christoph (1550–1568).

Im Alten Schloß, dem in der Renaissancezeit ausgebauten steinernen Herzen der Grafen- und Herzogsresidenz Stuttgart, sind seit dem Zweiten Weltkrieg die Sammlungen des Württembergischen Landesmuseums untergebracht. Sie erinnern auch an die römischen Ursprünge der Verkehrsdrehscheibe von Bad Cannstatt.

Since World War II the Altes Schloss, the stone heart of Stuttgart and the seat of government of its counts and dukes, as modernised during the Renaissance, has housed the collections of the Württembergisches Landesmuseum, including exhibits which testify to the fact that Bad Cannstatt and not Stuttgart was the crossroads of the Roman era.

Le Vieux Château, résidence des comtes et ducs de Stuttgart, modernisé durant la Renaissance, abrite depuis la Seconde Guerre mondiale les collections du Württembergisches Landesmuseum. Elles recèlent, entre autres, des pièces de l'époque romaine attestant le rôle de plaque tournante de Bad Cannstatt.

Am Schloßplatz kreuzen sich die Stränge der Geschichte und die Verkehrsströme der Gegenwart. Seit die U-Bahn unterirdisch fährt, kommt die Anlage aus der Königszeit besonders zur Geltung. Mittelpunkt des Platzes ist die Jubiläumssäule von 1842, ein graziler Kontrapunkt zu den Barockmassen des Neuen Schlosses.

Schlossplatz is where the threads of history and the traffic of the present converge. Since the U-Bahn has run underground the square, as laid out during the royal era, has come very much into its own. Its centrepiece is the jubilee column of 1842, which gracefully counterpoints the Baroque mass of the Neues Schloss.

Les vestiges de l'Histoire et le trafic routier d'aujourd'hui cohabitent sur la Schloßplatz (Place du Château). Depuis que le métro est souterrain, la construction royale est particulièrement mise en valeur. La colonne du Jubilé de 1842 constitue le point central de la place, formant un délicat contraste avec la masse baroque du Nouveau Château.

Wo einst die berühmte „Hohe Carlsschule" mit dem Akademiegebäude stand, in der Friedrich Schiller zum getreuen „Eleven" des Herzogs getrimmt werden sollte, erstreckt sich vor dem Neuen Schloß nun ein weitläufiger Park.

Where the renowned Hohe Carlsschule and the academy building once stood (where Friedrich Schiller was to be trained as a loyal pupil of the Duke) an expanse of park now runs in front of the Neues Schloss, or New Palace.

Un vaste parc s'étend aujourd'hui là où s'élevait autrefois la célèbre «Hohe Carlsschule», avec le bâtiment de l'Académie, école où Friedrich Schiller, en fidèle élève du duc, subit une éducation sévère.

Wer in Stuttgart eine Barockkirche vermutet, wird bei der Suche nicht fündig werden. Der barocke Erlösungsjubel, der in den katholisch geprägten Landstrichen Südwestdeutschlands wie Zwiefalten, Neresheim, Ellwangen, Haigerloch oder Ulm-Wiblingen zu vernehmen ist, paßt nicht in eine Stadt, die ihr fürstliches Gepräge erst am Vorabend der Reformation gefunden hat. Barock ist in Stuttgart, wenn überhaupt, dann nur Ausdruck eines weltlichen Absolutismus, die Signatur herzoglichen und damit zentralistischen Gottesgnadentums, wie es sich in „Klein-Versailles", dem Stuttgarter Neuen Schloß, oder – noch einprägsamer – im Ludwigsburger Schloß niederschlägt, jener Residenz, die Anfang des 18. Jahrhunderts der Stuttgart-müde Herzog Eberhard Ludwig bauen ließ. Auf der Suche nach den untersten Schichten der vergleichsweise jungen Geschichte der Stadt geht man am besten in die vor- und frühgeschichtlichen Sammlungen des Württembergischen Landesmuseums im Alten Schloß, wo die römischen Steindenkmale zu sehen sind, die allerdings weniger im Talkessel als im Neckartal von Bad Cannstatt und den angrenzenden Höhen gefunden wurden. Sie weisen Cannstatt und nicht Stuttgart als Verkehrskreuz der römischen Zeit aus. Die Uffkirche in Cannstatt, ebenso dort die Martinskirche, sind auf den Grundmauern eines Kastells mit Straßengabel zur Sicherung des Neckarübergangs gebaut. Ein frühes Stuttgarter Eigenprodukt findet sich allenfalls im Städtischen Lapidarium an der Mörikestraße: In einer spätgotischen Konsolfigur glauben Kenner den Kopf jenes „Pechschwitzers" zu entdecken, der Eduard Mörike als Vorbild für seine berühmte Erzählung vom „Stuttgarter Hutzelmännlein" diente.

Erst dort, wo in der Frührenaissance die Fürstenstadt allmählich Gestalt annahm, wird auch Stuttgart plastisch, am besten auf dem Platz, der nach Friedrich Schiller benannt ist. Am Denkmal des schwäbischsten aller Dichterfürsten, das der Bildhauer Bertel Thorwaldsen 1839 errichtet hat, kann man das künstlerische Innenleben Alt-Stuttgarts mit einem einzigen Rundblick erfassen. Da steht das Alte Schloß, jener massige Kasten, den Johann Wolfgang von Goethe nicht einmal als Theaterdekoration gelten lassen wollte. Im 16. Jahrhundert vom vielgeliebten Renaissance- und Reformationsherzog Christoph (1550–1568) gründlich und mit klarem Machtanspruch erweitert, wandelt es sich nach innen auf wundersame Weise aus einer abschreckenden Trutzburg in ein festliches Arkadenschloß mit kunstvollen Wendeltreppen, die für die Deutschordensritter zum Vorbild für ihre Bauten in Bad Mergentheim und Königsberg werden sollten.

Der Blick schweift weiter zur spätgotischen Stiftskirche, neben Hospital- und Leonhardskirche der wichtigste Sakralbau dieses Stils in Stuttgart. Im Zweiten Weltkrieg wurde sie schwer getroffen und in heftig diskutierter Weise wiederaufgebaut. Ihr Westturm ist zum Wahrzeichen der Stadt geworden, obwohl er nach einem mutigen gotischen Aufschwung in der Höhe plötzlich zu stocken scheint und diesen Aufstieg in einem fast provisorisch anmutenden, flachen Zeltdach abbricht. Man sieht ihm an, daß ihn die neue Zeit der württembergischen Reformation urplötzlich eingeholt hat.

Der Blick wandert weiter im Rund, auf den Stiftsfruchtkasten von 1578, über den Prinzenbau (1678–1708) auf die Alte Kanzlei (1544–1567), die gleichzeitig den Durchblick vom engen Stuttgart der Reformation auf den Schloßplatz mit seinen ins Gigantische wachsenden Dimensionen öffnet. Hier haben die Herren des Absolutismus und des Klassizismus gebaut und der ehemals verschwiegenen Landstadt Stuttgart endgültig das Gepräge einer Fürstenstadt verliehen.

Das Neue Schloß hat Herzog Carl Eugen (1737–1793) den knauserigen württembergischen Landständen abgerungen, als er sich bei seinem Amtsantritt verpflichten mußte, die unter seinem Vorvorgänger nach Ludwigsburg verlegte Residenz wieder nach Stuttgart heimkehren zu lassen. Die Stände glaubten, er begnüge sich mit dem Alten Schloß, doch er pochte auf das Prunkschloß des Ansbacher Architekten Leopold Retti, der den Barockbaumeister Balthasar Neumann und dessen größeres, noch prunkvolleres Projekt ausstach. Der Franzose Philippe de La Guêpière vollendete den Bau, nun aber im frühklassizistischen Stil. Das Schloß ist 1944 bis auf die Außenmauern zerstört worden. Nach einem heftigen Meinungskampf entschieden sich Stadtverwaltung und Landesregierung schließlich, dort kein Kaufhaus zu errichten, sondern das Wahrzeichen äußerlich in der spätbarocken Form wie-

der aufzubauen. Im Inneren wurden nur der Marmorsaal und der Weiße Saal rekonstruiert. Das Schloß dient seither als Repräsentationsbau der Landesregierung und als Herberge für Ministerien.

Carl Eugen hat noch weitere Schlösser in der Umgebung bauen lassen, so das Schloß Solitude auf einer Anhöhe hoch über der Stadt und Schloß Hohenheim für seine Mätresse und spätere treue Lebensgefährtin und geliebte Landesmutter Franziska. Heute ist in Hohenheim die Universität untergebracht, die Anfang des 19. Jahrhunderts eigens zur Förderung der Landwirtschaft im verarmten Württemberg gegründet wurde. Solitude ist der künstlerisch und architektonisch wichtigste von insgesamt fünf Bauten, die Carl Eugen um 1760 errichten ließ. Während einer Jagd hatte der den Platz hoch oberhalb der Stadt entdeckt und sofort Gefallen an ihm gefunden, vor allem deshalb, weil er von hier nicht nach Stuttgart und auf die Widrigkeiten seines politischen Alltags blicken mußte, sondern entlang einer 14 Kilometer langen, schnurgeraden Allee ins fernere und beliebtere Ludwigsburg blicken konnte. Sanssouci bei Potsdam, das der Herzog während seiner Lehrjahre am Hof Friedrichs des Großen liebengelernt hatte, diente als Vorbild. So wurde auch nicht der Hofarchitekt La Guê-

Mit 160 Meter Länge und 60 Meter Breite ist das Schloß in Ludwigsburg das größte Barockschloß Deutschlands.

Ludwigsburg, 160 metres long and 60 metres wide, is Germany's largest Baroque palace.

Mesurant 160 mètres de long et 60 mètres de large, le château de Ludwigsburg est le plus vaste château de style baroque d'Allemagne.

pi/re beauftragt, sondern der Hofmaler Nicolas Guibal und Baumeister Johann Friedrich Weyhing erhielten den Auftrag. Es wurde ein hochbarockes Lustschloß mit weitläufigen Gebäuden, Kavaliershäusern für den Hofstaat und einem Bauernhof, der in den 70er Jahren dieses Jahrhunderts zur Dienstvilla des baden-württembergischen Ministerpräsidenten umgebaut wurde.

Der klassizistische Ansatz des Stuttgarter Neuen Schlosses spannt den Bogen zur dritten wichtigen Ausbaustufe der Residenz zur Königstadt. Im Gefolge der napoleonischen Kriege war Württemberg 1806 Königreich geworden und hatte sich auf das Doppelte vergrößert. Dies brachte den frischgebackenen König Friedrich I. und seine drei Thronerben zu einer wahrhaft königlichen Eroberung der Talaue: mittels einer mächtigen Umrahmung des Schloßplatzes durch den Königsbau (1860) mit eindrucksvollen 26 ionischen Säulen und durch den Kronprinzenbau. Letzterer wurde im Zweiten Weltkrieg zerstört und 1969 durch die umstrittene Betonplatte des „Kleinen Schloßplatzes" der Architekten Max Bächer, Walther Belz und Hans Kammerer ersetzt. Immer noch blutet vielen Stuttgartern das Herz, wenn sie an diesem Platz als einzige Erinnerung an ihr Kronprinzenpalais einen kümmerlichen Fensterrest sehen, der wie ein Denkmal wider die Aufbauwut der Nachkriegszeit wirkt.

Die Königszeit hat die Stadt aber nicht nur im Inneren geweitet. Fast alles, was Stuttgart den Charakter einer traditionsreichen Großstadt verleiht, entstand in dieser Zeit: das Schloß Rosenstein (1829) nach Plänen des Hofarchitekten Giovanni Salucci, das ein Naturkundemuseum enthält; als gärtnerische Verbindung zum Neuen Schloß die riesigen Parkanlagen mit allerlei Nymphen von Johann Heinrich Dannecker; der beliebte zoologische Garten „Wilhelma" mit einem maurischen Schlößchen und die weithin sichtbare Grabkapelle auf dem Rotenberg oder die Villa Berg am Neckar, die heute die Fernsehstudios des Süddeutschen Rundfunks aufnimmt.

Auf dem Rotenberg stand bis 1820 die Stammburg der Württemberger. Sie war schon 1089 als „Wirtineberc" aktenkundig. Von ihr stieg das Fürstengeschlecht zur bestimmenden Macht in Stuttgart und im Neckarland auf. Als 1819 die beliebte Frau des zweiten württembergischen Königs Wilhelm I., die Zarentochter Katharina, im Alter von 30 Jahren plötzlich an einer Gesichtsrose starb, ließ Wilhelm die Burg abreißen und an ihrer Stelle vom Hofarchitekten Giovanni Salucci eine Grabkapelle bauen. Die Württemberger trauerten ebenso um ihre Königin wie um die Stammburg. Die Russin war als Gründerin der Stuttgarter Sparkasse und des Katharinenhospitals beliebt, nicht zuletzt als Mutter des berühmten „Cannstatter Volksfestes", bis zum heutigen Tag das nach dem Münchner Schwesterunternehmen zweitgrößte Volksfest Deutschlands.

Anyone looking for a Baroque church in Stuttgart will be disappointed. The joy of redemption found in Baroque and so apparent in Catholic areas of south-west Germany like Zwiefalten, Neresheim, Ellwangen, Haigerloch or Ulm-Wiblingen does not fit into a town which found its royal stamp only on the eve of the Reformation. In Stuttgart Baroque is, if at all, only an expression of secular absolutism, the signature of the dukes, and thus a centralist divine grace, as expressed in the Neues Schloss (New Palace) in Stuttgart, known as "Little Versailles," or – even more impressively – in Schloss Ludwigsburg, the royal palace built in the early eighteenth century by Duke Eberhard Ludwig, who had grown tired of Stuttgart.

The best way to go about a search for the deepest layers of the city's comparatively short history is to visit the prehistoric and early historical collections in the Württembergisches Landesmuseum in the Altes Schloss (Old Palace). Here one can see Roman stone statues, though more were found in the Neckar valley at Bad Cannstatt and the surrounding hills than in the valley basin. They are witness to the fact that Cannstatt and not Stuttgart was the crossroads of the Roman era. The Uffkirche and Martinskirche in Cannstatt are built on the foundations of a Roman fort with a road fork to safeguard the Neckar crossing. A trace of early economic activity in Stuttgart itself can be found at best in the Städtisches Lapidarium in Mörikestrasse, which has a late Gothic console figure that connoisseurs believe is the head of the pitch extractor who served Eduard Mörike as a model for his famous story about the "Stuttgarter Hutzelmännlein" ("The Gnome of Stuttgart").

Only in those places where in the early Renaissance era the royal city gradually took shape did Stuttgart become three-dimensional, most notably in the square named after Friedrich Schiller, the most Swabian of all great writers. Standing by the monument to Schiller erected in 1839 by sculptor Bertel Thorwaldsen, one can encompass the artistic inner life of old Stuttgart in one sweep. There is the Altes Schloss, a massive box which Johann Wolfgang von Goethe did not even consider fit as theatrical decor. In the sixteenth century it was extended by the much-loved Renaissance and Reformation Duke Christoph (1550–1568), thoroughly and with a clear claim to power. Externally a fearsome-looking fortress, inside it is miraculously transformed into a splendid colonnaded palace with artistic spiral staircases which were to serve as a model for the Knights of the Teutonic Order in their castles in Bad Mergentheim and Königsberg.

Looking further round the square one's gaze lands upon the late Gothic Stiftskirche, which together with the Hospitalkirche and Leonhardskirche is Stuttgart's most important church building in this style. It was badly hit in World War II and rebuilt in a highly controversial way. Its west tower has become the city emblem, even though its bold Gothic upsweep seems to come to a sudden halt, ending in a rather temporary-looking flat tent roof. It is obvious that the new era of

Württemberg Reformation suddenly caught up with it.

Further round one sees the 1578 Stiftsfruchtkasten, the Prinzenbau (1678–1708) and the Alte Kanzlei (1544–1567), which simultaneously affords a view through from the narrow Stuttgart of the Reformation to the Schlossplatz or palace square with its near-gigantic dimensions. Here is where the lords of absolutism and classicism built, finally bestowing a truly royal character on the hitherto secluded country town of Stuttgart. Duke Carl Eugen (1737–1793) forced the Neues Schloss out of the parsimonious estates-general upon his accession, when he undertook to return to Stuttgart as his royal seat, his grandfather having shifted it to Ludwigsburg. The assemblymen thought he would make do with the Altes Schloss but he insisted on the magnificent castle designed by Ansbach architect Leopold Retti to replace Ludwigsburg, the larger, even more magnificent project of Baroque master architect Balthasar Neumann. The building was completed by Frenchman Philippe de La Guêpière, this time in early classical style. In 1944 the castle was completely destroyed except for its external walls. After a fierce battle of opinions the municipal administration and state government finally decided not to erect a department store on the site but to rebuild the palace externally in late Baroque style. Only the Marble Hall and the White Hall were reconstructed in the original form. Since then the palace has served as the official seat of the state government and the home of ministries. Carl Eugen also built other palaces in the neighbourhood, including Schloss Solitude on a hill

Einer der prächtigsten Räume im Ludwigsburger Barockschloß ist die Spiegelgalerie.

One of the most magnificent rooms in the Baroque palace of Ludwigsburg is the gallery of mirrors.

La galerie des glaces est l'une des plus magnifiques pièces du château baroque de Ludwigsburg.

overlooking the town and Schloss Hohenheim for his mistress Franziska, later to become his faithful life's companion and beloved mother of the people. Nowadays Hohenheim houses the university, founded in the early nineteenth century specifically to promote agriculture in impoverished Württemberg. Solitude is artistically and architecturally the most distinguished of the five buildings commissioned by Carl Eugen in around 1760. He discovered the site high above the city whilst out hunting and fell for it immediately, above all because from here he was not forced to look towards Stuttgart and the adversities of his everyday political life but could gaze along a

Als Ergänzung zu seinem Rosensteinschloß ließ der baufreudige König Wilhelm I. von 1842 bis 1846 ein Lusthaus im damals neuen „maurischen Stil" bauen. Daraus entwickelte sich zunächst ein botanischer Garten, und nach dem Zweiten Weltkrieg die „Wilhelma", ein beliebter Zoo.

To complement Schloss Rosenstein, King Wilhelm I, a passionate builder, commissioned a summer house in what at the time was the new "Moorish style." Built between 1842 and 1846, it developed into a botanical garden and, after World War II, into a popular zoo, the Wilhelma.

De 1842 à 1846, le roi Guillaume Ier, bâtisseur dans l'âme, fit ériger sa «Maison d'agrément» dans le style mauresque nouveau à l'époque. Il y fit aménager, tout d'abord, un jardin botanique (photo) doté de serres et d'un vaste parc qui, après la Seconde Guerre mondiale, devint la «Wilhelma», un zoo très fréquenté.

14-kilometre avenue as straight as an arrow to the more distant and preferred Ludwigsburg. Sanssouci near Potsdam, which the duke came to love during his years of apprenticeship at the court of Frederick the Great, served him as a model. Thus he did not commission court architect La Guêpière but court painter Nicolas Guibal and master builder Johann Friedrich Weyhing. This resulted in a high Baroque summer palace with an extensive range of buildings, accommodation for the royal household and a farm which was converted in the 1970s into an official residence for the prime minister of Baden-Württemberg.

The classical element of the Neues Schloss in Stuttgart forms a bridge to the third important phase of Stuttgart's development into a royal city. In 1806 in the aftermath of the Napoleonic Wars, Württemberg became a kingdom and doubled in size. This helped the new king, Friedrich I, and his three heirs to a truly royal conquest of the valley, in the shape of the Königsbau (King's Building), built in 1860 to frame the Schlossplatz with 26 impressive Ionic columns, and the Kronprinzenbau (Crown Prince's Building). The latter was destroyed in World War II and replaced in 1969 by the controversial sheet concrete of the Kleiner Schlossplatz, designed by architects Max Bächer, Walther Belz and Hans Kammerer. Still now many Stuttgart people's hearts bleed to see that the only remaining memory of their crown prince's palace are the pathetic remains of a window, like a memorial warning against the rebuilding mania of the post-war era.

However, the era of kings did not only extend the city inwardly. Almost everything which lends Stuttgart the character of a city steeped in tradition emerged in this era. Schloss Rosenstein, for example, built in 1829 according to plans by court architect Giovanni Salucci, which now houses a natural history museum; and the gigantic parklands adjoining the Neues Schloss with their many nymphs by Johann Heinrich Dannecker; the popular Wilhelma zoological garden with its Moorish pavilion; the memorial chapel on the Rotenberg or the Villa Berg by the Neckar which now accomodates Süddeutscher Rundfunk's television studios.

Until 1820 the ancestral castle of the Württemberg dynasty stood on the Rotenberg. Its first documentary mention as the "Wirtineberc" dates back to 1089. From this castle the princely dynasty rose to become the decisive power in Stuttgart and the Neckar region. In 1819 when Katharina, daughter of the Czar of Russia and beloved wife of Wilhelm I, second king of Württemberg, died suddenly of facial erysipelas, Wilhelm had the castle demolished and in its place commissioned court architect Giovanni Salucci to build a memorial chapel. The people of Württemberg mourned both their queen and the ancestral castle. The Russian queen was popular as founder of the Stuttgart savings bank and the Katharinenhospital, and not least as mother of the famous Cannstatt funfair, which still now is the second largest in Germany after Munich's.

Qui s'imaginera trouver une église de style baroque à Stuttgart, la cherchera en vain. L'allégresse et l'exubérance du baroque telles qu'elles s'expriment dans les régions d'obédience catholique du sud de l'Allemagne, à Zwiefalten, Weresheim, Ellwangen, Haigerloch ou à Ulm, ne sied pas à une ville n'ayant adopté son caractère princier qu'à la veille de la Réforme. Si tant est qu'il est représenté à Stuttgart, le baroque n'est que la manifestation d'un absolutisme temporel et l'empreinte du pouvoir de droit divin à caractère centraliste exercé par les ducs, ainsi qu'il se traduit, à Stuttgart, dans le style du «Petit-Versailles», le Nouveau Château (Neues Schloß), ou bien – avec encore plus d'évidence – dans celui du Château de Ludwigsburg, résidence que se fit construire, au début du XVIIIe siècle, le duc Eberhard Ludwig, las de Stuttgart.

L'intéressé parti à la recherche des couches les plus profondes de l'histoire relativement jeune de la ville, se rendra, de préférence, au Württembergisches Landesmuseum (Musée régional du Wurtemberg), où, dans l'Ancien Château (Altes Schloß), sont exposées des collections d'objets préhistoriques et protohistoriques. Il y trouvera également les monuments de pierre de l'époque romaine qui, pour la plupart, ne furent pas découverts dans la dépression de Stuttgart, mais bien dans la vallée du Neckar, près de Cannstatt et sur les hauteurs avoisinantes. Ces témoins du passé nous enseignent que Cannstatt et non Stuttgart constituait à l'époque romaine un important carrefour de voies de communication. L'église Uffkirche de Cannstatt, de même que la Martinskirche furent érigées sur les anciennes fondations d'un château fort situé à l'embranchement de routes permettant de traverser le Neckar. Un des rares témoins vraiment original de l'histoire ancienne de Stuttgart se trouve au Städtisches Lapidarium (Musée lapidaire de la ville), situé en bordure de la Mörikestraße. Les connaisseurs pensent reconnaître dans le personnage reposant sur une console, une œuvre datant du gothique flamboyant, le «Pechschwitzer» (homme de taille naine faisant bouillir de la poix et suant abondamment d'où son nom de «sueur de poix»), personnage qui servit de modèle à Eduard Mörike dans sa célèbre nouvelle «Stuttgarter Hutzelmännlein».

Ce n'est qu'aux débuts de la Renaissance, à l'époque où la ville princière prend lentement forme, que se concrétise le relief de Stuttgart, ce qui s'exprime avec une évidence toute particulière sur la place portant le nom de Friedrich Schiller. Le panorama s'offrant d'un seul coup d'œil là où se dresse le monument élevé à la mémoire du plus souabe de tous les princes poètes, une œuvre du sculpteur Berthel Thorwaldsen, exécutée en 1839, dévoile au spectateur la vie artistique intime du Vieux Stuttgart. C'est là que l'on trouvera l'Ancien Château (Altes Schloß), bloc massif dont Johann Wolfgang von Goethe ne voulait même pas comme décor de théâtre. Ce château fut considérablement agrandi au XVIe siècle (de 1550 à 1568), en signe évident de la prétention au pouvoir du duc Christoph, souverain fort populaire qui se distingua au temps de la Renaissance et de la Réforme. Une fois que l'on a pénétré à l'intérieur, cette puissante forteresse d'aspect rébarbatif se métamorphose en château à arcades d'allure solennelle, avec des escaliers en colimaçon raffinés dont s'inspirèrent les chevaliers de l'Ordre teutonique dans la réalisation de leurs édifices à Bad Mergentheim et à Königsberg.

Le regard continue de vagabonder pour se poser finalement sur la collégiale, datant du gothique flamboyant, l'édifice religieux le plus important de ce style à Stuttgart, en dehors de l'église de l'Hôpital et de l'église St-Leonhard. Elle fut sérieusement endommagée au cours de la Seconde Guerre mondiale et reconstruite dans un goût qui donna lieu à d'âpres controverses. Sa tour ouest est devenue le symbole de la ville bien que, après avoir pris un élan tout gothique, elle semble vouloir soudainement arrêter son ascension pour se briser en un toit plat de forme pyramidale. Les temps modernes de la Réforme wurtembergeoise sont venus, de toute évidence, interrompre sa construction.

Le regard se tourne alors vers le Stiftsfruchtkasten (ancienne perception des dîmes construite en 1578), sur le Prinzenbau (bâtiment princier construit de 1678 à 1708), sur l'Alte Kanzlei (1544–1567), ancienne Chancellerie d'où la vue s'ouvre sur la Place du Château de gigantesques dimensions, la détournant du Stuttgart étriqué de la Réforme. C'est ici que les souverains de l'absolutisme et du néo-clacissisme firent œuvre de bâtisseurs et donnèrent à la capitale jadis discrète qu'était Stuttgart le cachet d'une résidence princière.

Le duc Carl Eugen a littéralement extorqué le Nouveau Château aux représentants, avares, des états du Wurtemberg, lorsque, à son entrée en fonction, il dut s'engager à retransférer à Stuttgart la résidence que son prédécesseur avait élue à Ludwigsburg. Les états avaient pensé que le duc se contenterait de l'Ancien Château, mais ce dernier revendiqua bel et bien le somptueux château construit par Leopold Retti, architecte de Ansbach qui éclipsait Balthasar Neumann, bâtisseur du baroque et son projet encore plus fastueux. C'est finalement au Français Philippe de la Guêpière que fut confié l'achèvement de l'édifice qu'il exécuta dans le style des débuts du néoclassicisme. Le château fut détruit en 1944, seuls les murs extérieurs demeurèrent en l'état. A l'issue d'une véhémente controverse, l'administration de la ville et le gouvernement du Land décidèrent finalement de ne pas ériger de grand magasin à sa place mais de redonner à ces bâtiments de caractère symbolique l'aspect baroque qu'ils revêtaient auparavant. Seules la Salle de Marbre et la Salle blanche furent toutefois restaurées dans le style original. Depuis, le château fait office de lieu de réception du gouvernement du Land en même temps qu'il héberge certains ministères.

Carl Eugen fit également construire plusieurs autres châteaux dans les environs, tel celui de Solitude, sur une colline surplombant la ville et de Hohenheim, destiné à sa maîtresse et fidèle compagne, Franziska, la «mère du Land», tant aimée de ses sujets. Hohenheim abrite aujourd'hui l'université qui fut fondée au début du XIXe siècle dans le seul but de promouvoir l'agriculture du Wurtemberg, province appauvrie. Le château de Solitude est l'édifice le plus important, au plan artistique et architectonique, des 5 châteaux que Carl Eugen fit construire au total, vers 1760. C'est en chassant qu'il en avait découvert le futur emplacement, sur les collines dominant la ville. Il s'en était d'autant plus épris que, de cet endroit, il ne pouvait voir Stuttgart où l'attendaient les désagréments de la vie politique au quotidien. Il pouvait, bien au contraire laisser errer son regard à travers une allée en droite ligne, de 14 kilomètres de long, qui menait au château de Ludwigsburg, plus éloigné, certes, mais objet de sa préférence. Sanssouci, près de Potsdam, que le duc avait appris à aimer pendant ses années d'apprentissage passées à la cour de Frédéric le Grand, lui avait servi de modèle. Aussi ne chargea-t-il pas l'architecte de la cour, la Guêpière, de son exécution mais le peintre attitré, Nicolas Guibal, ainsi que l'architecte Johann Friedrich Weyling. Le château d'agrément qui en résulta est du plus pur style baroque. Il est doté de vastes bâtiments, de «maisons de cavaliers» érigés à l'intention des membres de la cour de l'époque ainsi que d'une maison de ferme, transformée dans les années 70 de notre siècle en villa de fonction du ministre-président du Bade-Wurtemberg.

L'ébauche néo-classique du Nouveau Château de Stuttgart nous fait revenir à la troisième phase, elle aussi importante, de l'aménagement de cette résidence au temps de la royauté. A la suite des guerres napoléoniennes, le Bade-Wurtemberg, devenu royaume en 1806, avait doublé de superficie. Cet événement historique fut l'occasion, pour Frédéric Ier, le roi nouvellement couronné, de même que pour ses trois héritiers, de partir à la conquête de la vallée. Cette conquête s'avéra on ne peut plus «royale». La Place du Château fut encadrée de puissants bâtiments: le Königsbau (1855–59) avec ses 26 imposantes colonnes ioniennes ainsi que le Kronprinzbau (Bâtiment princier). Ce dernier fut détruit pendant la Seconde Guerre mondiale et remplacé, en 1969, par la plaque de béton de la «Petite Place du Château», plaque réalisée par les architectes Max Bücher, Walter Belz et Hans Kammerer et qui fut l'objet de force controverses. Nombreux sont les habitants de Stuttgart qui ont le cœur serré en voyant, sur cette place, un misérable reste de fenêtre, seul souvenir du palais du prince héritier et qui donne l'impression d'y avoir été apposé en signe de protestation contre la frénésie qui s'empara de la ville, après-guerre, dans le domaine de la construction.

La période où Stuttgart fut gouverné par un roi n'a pas fait que contribuer au développement du centre urbain. Presque tout ce qui lui confère son caractère de grande ville au passé fécond vit le jour à cette époque: le château de Rosenheim (1829), construit d'après les plans de Giovanni Salucci, architecte de la cour qui abrite aujourd'hui un Musée d'Histoire naturelle; le reliant au Nouveau Château, les jardins du Parc, agrémentés d'un ensemble de nymphes réalisées par Johann Heinrich Dannecker; le «Wilhelma», jardin zoologique très fréquenté, où l'on trouvera un petit château de style mauresque ainsi que la chapelle funéraire visible de loin, qui trône sur le Rotenberg, ou encore la villa Berg, en bordure du Neckar, hébergeant aujourd'hui les studios de la Radio de l'Allemagne du Sud.

Sur la colline du Totenberg se dressait, jusqu'en 1820, le château de la maison-mère de Wurtemberg, déjà mentionné dans les annales en 1089 sous le nom de «Wirtineberc». C'est de là que cette dynastie princière prit son envolée qui la porta au pouvoir à Stuttgart et dans les pays du Neckar. Lorsque Catherine, fille de tsar et épouse fort populaire du deuxième roi du Wurtemberg, Wilhelm Ier, mourut subitement, en 1819, d'un érysipèle au visage, Wilhelm fit raser le château et construire, à son emplacement, une chapelle funéraire que réalisa l'architecte de la cour, Giovanni Salucci. Les Wurtembergeois portèrent autant le deuil de leur reine qu'ils pleurèrent la perte du château d'origine de leurs souverains. La jeune Russe était également chérie du peuple pour avoir fondé la Caisse d'Epargne de Stuttgart et l'Hôpital Ste-Catherine. Mais il l'aimait aussi en tant que patronesse de la célèbre fête populaire qu'est le «Cannstatter Volksfest», la deuxième du genre en Allemagne après celle de sa sœur de Munich, l'Oktoberfest.

Vom Schillerplatz aus kann man das Herz des herzoglichen Stuttgarts mit seinen Renaissancebauten überblicken. Um das Denkmal für Friedrich Schiller, das der Bildhauer Bertel Thorwaldsen 1839 schuf, gruppieren sich von links nach rechts der gotische Chor der Stiftskirche, der Stiftsfruchtkasten und der Prinzenbau.

From Schillerplatz you have an overview of the heart of ducal Stuttgart with its Renaissance buildings. Grouped around the 1839 monument to Friedrich Schiller, the work of sculptor Bertel Thorwaldsen, are, from left to right, the Gothic chancel of the Stiftskirche, the Stiftsfruchtkasten and the Prinzenbau.

De la Schillerplatz, on a un panorama sur les bâtiments de la Renaissance qui forment le cœur du Stuttgart ducal. Le chœur gothique de la «Stiftskirche», le «Stiftsfruchtkasten» et le «Prinzenbau» se groupent, de gauche à droite, autour de la sculpture de Bertel Thorwaldsen de 1839 commémorant Friedrich Schiller.

Als Apotheose des Fürsten und seines Hofes hat man die weitläufige Anlage des Schlosses in Ludwigsburg bezeichnet. Der große Park, in dem der mächtige Bau erst seine Geltung findet, ist heute als „Blühendes Barock" oder „Ludwigsburger Barock" zu einer berühmten Gartenanlage geworden.

Ludwigsburg Palace and its extensive grounds have been called the apotheosis of the prince and his court. The large park, in which the magnificent building comes into its own, is now a renowned landscape garden known as "Baroque in Bloom" or "Ludwigsburg Baroque."

Les vastes constructions du château de Ludwigsburg sont décrites comme étant l'apothéose du prince et de sa cour. Le magnifique bâtiment prend véritablement de la valeur grâce au grand parc l'entourant, aujourd'hui jardin renommé comme figurant le style «baroque fleurissant» ou «Ludwigsburger Barock».

Im Barock brach auch im protestantischen Württemberg die Zeit der bildenden Künste an. Herzog Carl Eugen übernahm 1758 von Privatleuten in Ludwigsburg eine Porzellanfabrik. Diese Ludwigsburger Porzellanmanufaktur erlangte bald Weltgeltung, obwohl sie ständig auf Zuschüsse des Landes und des Herzogs angewiesen war.

In the Baroque period the arts came into their own in Protestant Stuttgart. In 1758 Duke Carl Eugen took over from private owners in Ludwigsburg a porcelain factory. The Ludwigsburg Porzellanmanufaktur soon established an international reputation, although it was constantly dependent on subsidies from the state and from the duke.

Même dans le Wurtemberg protestant, les arts commencèrent à fleurir pendant la période baroque. En 1758, le duc Carl Eugen reprit la fabrique de porcelaine de Ludwigsburg, appartenant auparavant à des propriétaires privés. Cette manufacture de porcelaine obtint très vite une renommée mondiale, bien qu'elle fût toujours dépendante des subventions du Land et du duc.

Während noch im Neuen Schloß in Stuttgart gebaut wurde, leistete sich 1763 der Barockfürst Herzog Carl Eugen auf einem Bergsporn hoch oberhalb der Stadt sein sechstes Schloß. Während der Jagd hatte er an dem Aussichtspunkt Gefallen gefunden, wo er der Welt entfliehen konnte. Er nannte es Solitude.

While the Neues Schloss was still under construction in Stuttgart the Baroque prince Duke Carl Eugen had a sixth palace built on an outcrop high up above the city in 1763. While hunting he had come to enjoy the view, and the idea of getting away from it all. He called it Solitude.

Alors que l'on construisait toujours au Nouveau Château, le duc Carl Eugen, prince du baroque, fit exécuter en 1763 son sixième château sur une des hauteurs qui dominent la ville. C'est lors d'une chasse qu'il apprécia ce point de vue et l'idée d'y pouvoir fuir le monde. Il le nomma «Solitude».

Als „Landhaus" gedacht, gönnte sich der gartenfreudige König Wilhelm I. von Württemberg 1829 das klassizistische Schloß Rosenstein auf einer Anhöhe oberhalb des Neckars. Heute ist dort das beliebte Staatliche Naturkundemuseum eingerichtet. Im Bild die Abteilung für Meeressäuger.

Planned as a country house, the neo-classical Schloss Rosenstein was built on a hill overlooking the Neckar in 1829 by garden-loving King Wilhelm I of Württemberg. It now houses the popular State Museum of Natural History, of which the department of marine mammals is here seen.

Le roi Guillaume Ier de Wurtemberg, amateur de jardins, se fit construire en 1829 Rosenstein, château du plus pur classicisme situé sur une hauteur d'un versant du Neckar, qui devait à l'origine être une maison de campagne. Aujourd'hui, on y a aménagé le très apprécié Musée des Sciences de la Nature, dont on voit ici la section des mammifères marins.

Ursprünglich wollte König Wilhelm I. am Neckar gegenüber von Bad Cannstatt nur ein Kurtheater bauen. Es wurde die „Wilhelma" daraus, ein weitläufiger Garten mit einem „maurischen Badhaus", Terrassen, Hallen, Säulengängen und Pavillons. Am Ende lagen die Baukosten siebenmal höher als geplant, ein Glück für die Stuttgarter. Denn die Wilhelma ist heute ein beliebter Zoo.

Wilhelm I originally planned to build just a spa theatre opposite Bad Cannstatt ("Bad" before the place name signifies a health resort), but it ended up as the Wilhelma, an extensive garden with a "Moorish bath house," terraces, halls, pillared entrances and pavilions. And it cost seven times as much to build as planned. But Stuttgarters can count themselves lucky. Today, the Wilhelma is a popular zoo.

A l'origine, le roi Guillaume Ier concevait de faire construire un théâtre pour la ville de cure aux bords du Neckar, en face de Bad Cannstatt. Il en ressortit la «Wilhelma», un vaste jardin comprenant une maison de bains de style mauresque, des terrasses, des galeries, des péristyles et des pavillons. Après coup, les frais de construction furent sept fois plus élevés que prévu. Mais les habitants de Stuttgart peuvent toutefois s'estimer heureux, la «Wilhelma» étant aujourd'hui un zoo très visité.

Nach der schrecklichen
Hungersnot der Jahre 1816
bis 1818 verfügte König
Wilhelm I. auf Drängen seiner Gemahlin Katharina, daß
alljährlich an seinem
Geburtstag, dem 27. Sep-
tember, auf dem Cannstatter
„Wasen" ein Fest der
„Ermunterung zur fortschrei-
tenden Verbesserung der
Viehzucht" zu veranstalten
sei. Daraus wurde das Cannstatter Volksfest, nach dem
Münchner Oktoberfest das
größte Vergnügen dieser Art
in Deutschland.

After the dreadful famine of
1816–18, Wilhelm I de-
creed, as urged by Queen
Katharina, that every year on
his birthday, 27 September,
a festival was to be held on
the Cannstatter Wasen to
"encourage the progressive
improvement of animal hus-
bandry." It grew into the
Cannstatter Volksfest, the
second-largest funfair of its
kind in Germany. Only the
Oktoberfest in Munich is
bigger.

A la suite de la terrible famine des années 1816–1818,
sur les instances de sa
femme Katharina, le roi
Guillaume Ier décréta que
tous les ans, à la date de son
anniversaire, le 27 sep-
tembre, ait lieu une fête sur
le «Wasen» de Cannstatt
ayant pour mot d'ordre
«l'encouragement à l'amé-
lioration continue de l'éleva-
ge du bétail». Il en advient la
«Cannstatter Volksfest», qui
pour ce genre de divertisse-
ment se place juste après
l'«Oktoberfest» de Munich.

Als am 20. April 1945 die 1. Französische Armee von Süden und die 7. US-Armee von Norden in Stuttgart einmarschierten, trafen sie ein Trümmerfeld an. Mehr als die Hälfte aller Häuser war in den Bombenangriffen vom Juli und November 1944 vernichtet, 4 477 Menschen waren getötet und 8 900 verletzt worden. Die Stadt mit ihrer jahrhundertealten Enge im Kessel schien wie geschaffen für eine ordnende Hand, für kühne städteplanerische Würfe, für eine neue Rolle in der „kleinen Kultur" (so ein Agrarwissenschaftler des 19. Jahrhunderts), die sie umgab.

Dafür gab es kontroverse Ansätze: Der erste Oberbürgermeister Arnulf Klett dachte zunächst daran, das Kurzentrum Bad Cannstatt nach Stuttgart zu verlegen und so einen Grundstein für den Wiederaufbau als Kur- und Badeort zu legen. Doch den Stuttgartern stand der Kopf woanders. „Wir brauchen keine Kunst, wir brauchen Kartoffeln", hatte ein Abgeordneter schon hundert Jahre zuvor im Stuttgarter Landtag ausgerufen und damit eine weitverbreitete, vom Pietismus geprägte Grundstimmung im Lande Württemberg wiedergegeben. Und so setzte sich schon früh eine Stadtplanung durch, die Stuttgart immer noch zu schaffen macht.

Die Königstraße, spätestens seit der Königszeit zur Hauptschlagader der Stadt geworden, wurde durch eine längs des Tales parallel verlaufende Stadtautobahn entlastet. Das hat den Stadtplanern der jüngsten Zeit zwar die Möglichkeit gegeben, aus der ehemaligen Geschäfts- und Beamtenstraße eine verkehrsfreie Einkaufsmeile zu machen; doch wurde kein Wiederaufbau daraus, sondern der Neubau einer Stadt, ganz nach den Vorstellungen von Urbanität der damaligen Zeit. Der moderne Großstädter, sagte der Stadtplaner Walter Hoß, müsse sich „das Gefühl von Sicherheit in dem ihn umflutenden Verkehr aneignen" und sich „des gesteigerten Tempos freuen".

Es wurde freilich nicht bedacht, daß da getrennt wurde, was in Jahrhunderten als Herz der alten Stadt zusammengewachsen war: die Staatsgalerie von der Staatsoper und dem Staatstheater, das Neue vom Alten Schloß, die gemütliche Stuttgarter Arbeitervorstadt „Bohnenviertel" vom Stadtkern um Rathaus und Marktplatz, das Wilhelmspalais des letzten württembergischen Monarchen (heute Stadtbibliothek) von anderen ehe-

mals feudalen Palais am Schloßplatz und in den Parkanlagen. Was als Weite und Auflockerung, als Einladung an die automobilen Nachkriegsbürger gedacht war, wurde zu einem reichlich martialischen Auto-Viereck im Herzen einer alten Stadt.

Vielleicht hatte diese Form der Stadtplanung auch ihr Gutes. Im zähen Ringen um den (verhinderten) Abbruch der Ruine des Neuen Schlosses und um das Schleifen des Kronprinzenpalais zugunsten eines vierspurigen Straßendurchbruchs an der empfindlichsten Ecke des Schloßplatzes entstand auch ein Gefühl des Irrtums, das nach Korrektur verlangte. Schon Mitte der 70er Jahre setzte sich unter den Erben der Wiederaufbaugeneration ein Konzept durch, das nach Sanierung, nach Heilung dieser Wunden rief.

Solche Korrekturen sind für Stuttgart nichts Neues. Seit eh und je vollzog sich die kulturelle und künstlerische Entwicklung der Stadt in teilweise unverhofften Schüben, im Wechsel zwischen Aufbauwut und künstlerischer Besinnung. Von einer organischen, bürgerlich geprägten Entfaltung der Stadtidee über Jahrhunderte hinweg, wie dies für Hamburg, Frankfurt am Main oder Nürnberg gelten mag, kann man in Stuttgart nicht sprechen.

Gegen Ende des 18. Jahrhunderts war der Verleger Johann Friedrich Cotta aus Tübingen nach Stuttgart gekommen. In Paris hatte die französische Revolution die Völker Europas wachgerüttelt, und die Stürme der napoleonischen Kriege hatten auch das gemütliche Ländchen Württemberg „wie in einem Mörser zerrieben", wie der Dichter Ludwig Uhland feststellte. Das sollte sich auch auf die künstlerische Szene auswirken. Auf dem Kahlenberg bei Stuttgart traf Cotta mit dem jungen Friedrich Schiller zusammen, der Beginn einer auch für Stuttgart segensreichen Freundschaft. Die Zeitschrift „Die Horen" entstand, für die Cotta auch Johann Wolfgang von Goethe und viele andere Dichter gewann und die den Ruf Stuttgarts als Verlags- und Dichterstadt begründen sollte. Goethe kam 1797 zu Besuch in die Stadt, die in ihrem „Kreise von Bergen sehr ernsthaft in der Abenddämmerung dalag", wie er in seinen Reisenotizen schrieb, und quartierte sich bei dem Kaufmann Gottlob Heinrich Rapp in dessen Haus neben der Stiftskirche ein. Das Haus Rapp entwickelte sich bald zum Bildungs-

zirkel der Stadt: Der Bildhauer Johann Heinrich Dannecker, die Dichter Gustav Schwab, Wilhelm Hauff, Christian Daniel Schubart, Eduard Mörike und Jean Paul gingen dort und in anderen Stuttgarter Bürgerhäusern aus und ein, mal verwirrend für die biedere Stuttgarter Gesellschaft, meist aber befruchtend.

Eine solche Belebung wiederholte sich hundert Jahre später, diesmal aber auf dem industriellen Sektor. Gegen Ende des vergangenen Jahrhunderts hielten die großen „Tüftler" (Erfinder) Einzug in der Stadt: Gottlieb Daimler, der Erfinder des Autos, Wilhelm Maybach, der Motorenbauer, Robert Bosch, der Vater der Magnetzündung für Automotoren und legendäre Unternehmer des frühen 20. Jahrhunderts. Dabei fällt auf: Keiner von ihnen war Stuttgarter. Sie alle strömten aus dem flachen Land in die Stadt. Auch Friedrich Hegel war kein eigentlich Einheimischer, obwohl er später als der schwäbischste aller Philosophen bezeichnet wurde. Er stammte von österreichischen Vorfahren ab, die im Gefolge des 30jährigen Kriegs in die völlig entvölkerte Stadt gekommen waren. Wenn also vom angeblich angeborenen Sinn der Schwaben als „Dichter, Denker und Tüftler" die Rede ist, so sollte man diese beliebte folkloristische These nicht mit genetischen Hintergründen in Verbindung bringen. Ferdinand von Steinbeis, der große Industrieförderer des Landes, konnte vor 150 Jahren ein Klagelied darüber singen, wie mühsam es war, den Schwaben jenen Industriefleiß einzuimpfen, der nach der Schwabenlegende eine ihrer ältesten und besten Tugenden sein soll. Es waren vielmehr die Zuwanderer aus der Schweiz, aus dem habsburgischen Reich, vertriebene Hugenotten und Waldenser aus Frankreich, die Stuttgart über Jahrhunderte mit zu dem gemacht haben, was es heute ist. Nach dem Zweiten Weltkrieg haben die Heimatvertriebenen aus den Ostgebieten ihr Teil zur Entwicklung der Stadt beigetragen.

Abermals erlebte die Stadt einen kulturellen Schub zu Beginn dieses Jahrhunderts. Diesmal

1956 formten Rolf Gutbrod und Adolf Abel am Ort der im Zweiten Weltkrieg zerstörten Liederhalle eine neue als architektonische Großplastik.

In 1956, on the site of the concert hall destroyed in World War II, Rolf Gutbrod and Adolf Abel designed the Liederhalle, resembling a large architectural sculpture.

En 1956, Rolf Gutbrod et Adolf Abel créèrent, à l'emplacement de la «Liederhalle», détruite au cours de la Seconde Guerre mondiale, une plastique architectonique de vaste envergure.

ging er von der Stuttgarter Akademie und der Kunstgewerbeschule aus. Kurz zuvor war das alte Hoftheater abgebrannt, und der rechtschaffene König Wilhelm II. nutzte die Gelegenheit, um der Residenz gleich zwei Neubauten zu schenken: Ein Schauspielhaus und ein Opernhaus, in glücklicher Lage mitten in den Parks des Neuen Schlosses. Max Littmann, der Chemnitzer Architekt, der schon in München, Berlin und Weimar Theaterhäuser gebaut hatte, erhielt den Auftrag für die Oper.

Anstelle des 1902 in einer schrecklichen Nacht abgebrannten königlichen Hoftheaters errichtete der Stuttgarter Jugendstil-Architekt Theodor Fischer (1862–1938) das Kunstgebäude mit einer Arkadenhalle zum Schloßplatz hin.

On the site of the royal Hoftheater, burnt to the ground one terrible night in 1902, Stuttgart art nouveau architect Theodor Fischer (1862–1938) built the Arts Building with a colonnaded hall facing Schlossplatz.

A la place du «Hoftheater», le théâtre de la Cour, détruit en 1902 par un incendie au cours d'une nuit terrible, Theodor Fischer (1862–1938), architecte de Stuttgart et représentant de l'Art Nouveau, construisit cet édifice abritant le Palais des Beaux-Arts, le dotant d'un hall en arcades qui s'ouvre sur la Place du Château.

In dieser Zeit war auch Karl Adolf Hölzel 1906 aus Ölmütz und Dachau an die Stuttgarter Akademie berufen worden, Vorreiter der gegenstandslosen Malerei und ein „Hecht im Karpfenteich", wie ein Chronist meinte. Aus seiner Schule gingen so wichtige und radikale Künstler hervor wie Oskar Schlemmer, Willi Baumeister oder Hugo Stenner. Theodor Fischer, einer der wichtigen Architekten dieser Zeit, baute 1912 das Kunstgebäude am Schloßplatz, das nach dem Zweiten Weltkrieg in ehrfurchtsvoller Nachmung wiedererstand. Von ihm stammt auch die Erlöserkirche, ein programmatischer Kirchenbau im Stil einer einfachen Dorfkirche, der den Abschied von historisierender Ornamentik vollzog. Seine schwere Kassettendecke hat allerdings den Zweiten Weltkrieg nicht überlebt. Paul Bonatz, der Architekt und Begründer der „Stuttgarter Schule", schuf in den Jahren 1914 bis 1928 den Stuttgarter Hauptbahnhof, ein Monument der Neuen Sachlichkeit, gewaltig und auch heute noch ein architektonisches Glanzstück. Martin Elsaesser führte 1914 in der Markthalle den Stahlbeton als „ästhetischen Funktionsträger" ein.

1927 trafen sich an der Weißenhofsiedlung des Deutschen Werkbundes 16 Architekten aus fünf europäischen Ländern, um ein einzigartiges Dokument moderner Siedlungsarchitektur zu schaffen, lange bevor das 1919 gegründete Weimarer Bauhaus den Stil der 20er Jahre international durchsetzte. Im Streit mit Bonatz hatte Mies van der Rohe gewonnen: Hans Scharoun, Max Taut, Le Corbusier und Walter Gropius, um nur die wichtigsten zu nennen, bauten ein „Vorstadt-Jerusalem auf den Stuttgarter Höhen", wie Bonatz spottete, ein Wort, das später den Nationalsozialisten reichlich Nahrung gab, gegen die „rassefremde Architektur" der Bauhaus-Schule vorzugehen.

Schließlich sollte nach dem Zweiten Weltkrieg noch einmal ein frischer Luftzug durch den Kessel wehen. 1956 hatte Fritz Leonhard den Stuttgarter Fernsehturm fertiggestellt, parallel dazu entwarfen Rolf Gutbrod, Blasius Spreng und Adolf Abel die Stuttgarter Liederhalle, ein Konzerthaus mit unheimlicher Dynamik im Inneren und in der Anordnung der verschiedenen Baukörper zueinander, eine Synthese aus Sichtbeton, Mosaikwänden und klaren Fensterfronten. In den 80er Jahren schließlich hielt die Postmoderne Einzug in Stuttgart. Der Brite James Stirling wurde als Sieger eines Wettbewerbs gebeten, die Erweiterung der Stuttgarter Staatsgalerie und der Staatlichen Musikhochschule zu bewältigen. Beide Bauten stehen an der großen Stuttgarter Stadtautobahn. Ihnen fehlt die Korrespondenz zum traditionellen Kulturviertel am Rande der Altstadt, weshalb sie eigene Akzente setzen müssen. Stirling entwarf einen Wallfahrtsort für Liebhaber der Postmoderne, eine Plastik im Großen, die den Sprung vom Gebäude zum Kunstwerk wagt und scheinbar spielerisch Zitate aus der Antike und dem Klassizismus zusammenfügt. Außen mit bräunlichem Cannstatter Travertin und Schilfsandstein aus dem Kraichgau verkleidet, geben allerlei spielerische Details dem Bauwerk Pfiff und Charme: Handläufe in Pink oder künstliche Mauerlöcher. Treppen und Rampen führen den Besucher durch die Ausstellungen rund um einen großen Innenhof.

Damit gab Stirling der Stuttgarter Kulturmeile einen neuen Mittelpunkt. Wie an einer Perlenschnur reiht sie sich nun entlang der Tallängslinie: Alte Staatsgalerie (ein klassizistischer Dreiflügelbau von 1842 nach Plänen von Gottlob Georg Barth), Neue Staatsgalerie, die ebenfalls von Stirling entworfene Staatliche Musikhochschule, das Haus der Landtagsabgeordneten von 1990, die in den grünen Hang hineingebaute Württembergische Landesbibliothek (1969) und das Hauptstaatsarchiv sowie das ehemalige Wohnhaus des letzten Königs Wilhelm II., das Wilhelmspalais des Hofbaumeisters Giovanni Salucci von 1840, das heute die städtische Bibliothek beherbergt.

Jenseits der Stadtautobahn wird dieser Dialog aufgenommen von Littmanns kolossalem Großen Haus des württembergischen Staatstheaters von 1912, in dem einst John Cranko und Marcia Haydée den weltumspannenden Ruf des Stuttgarter Balletts begründeten, von dem Kleinen Haus des Staatstheaters von 1962, dem grazilen Glaskubus des baden-württembergischen Landtags (1961), der auf dem Gelände der ehemaligen Militärakademie der Hohen Carlsschule steht, und dem Neuen Schloß, das zwischen 1747 und 1807 im Stil des Spätbarock und des Frühklassizismus erbaut wurde.

The Stuttgart cultural scene –
Therapy for open wounds

On 20 April 1945, when the First French Army marched into Stuttgart from the south and the Seventh US Army from the north, they were confronted by a scene of devastation. More than half of all dwellings had been destroyed in the bombing raids of July and November 1944, in which 4,477 people were killed and 8,900 injured. The city, confined for hundreds of years in the valley basin, seemed to cry out for an organising hand, for bold urban planning ideas, for a new role in what a nine-teenth-century agrarian scientist called the "small culture" surrounding it.

Initial approaches were controversial. The first lord mayor, Arnulf Klett, was first to think of transferring the spa town of Bad Cannstatt to Stuttgart, thus laying a foundation stone for the city's reconstruction as a cure and spa resort. However, the people of Stuttgart thought differently. Hundreds of years before a deputy in the Stuttgart assembly had shouted, "We don't need art, we need potatoes!" reflecting a pietistically stamped fundamental attitude widespread in the state of Württemberg. Because of this attitude, the day was won early on by a type of urban planning which is still causing problems for Stuttgart. Königstrasse, which had become the city's main artery at least since the days of the kings, was relieved by an urban freeway running parallel to it along the valley. Admittedly, in recent years this has made it possible for town planners to turn the former street of business and government into a traffic-free shopping precinct. However, it also meant that instead of being rebuilt the city was built anew in accordance with postwar town planning ideas. Town planner Walter Hoss said that modern big city residents must "get used to feeling safe amidst the streams of traffic" and "enjoy the faster pace."

Nobody considered the fact that this was separating things which had grown together over centuries as the heart of the old city: the state gallery from the state opera and the state theatre, the new and old palaces, the cosy working class district known as "Bohnenviertel" from the core of the city around the town hall and market square, the Wilhelmspalais of Württemberg's last monarch (now the municipal library) from other former feudal palaces on Schlossplatz and in the parklands. What was intended to create space and ease constriction, to be inviting for motorised postwar residents, turned into an extremely martial rectangle of cars in the heart of an old city.

Perhaps there was a good side to this type of urban planning. The tough wrestling over the (delayed) demolition of the ruins of the New Palace and the razing of the Crown Prince's Palace to make way for a four-lane highway to break through at the most sensitive corner of Schlossplatz gave rise to a sense of bewilderment that yearned for correction. By the mid-1970s the heirs of the reconstruction generation had adopted ideas that called for rehabilitation, for healing these wounds.

This type of correction is nothing new for Stuttgart. The cultural and artistic development of the city has always taken place in sometimes unexpected spurts, in the alternation between building mania and artistic reflection. In Stuttgart one cannot speak of an organic, bourgeois-stamped unfolding of the urban idea over centuries such as may be the case in Hamburg, Frankfurt am Main or Nuremberg.

Towards the end of the eighteenth century the publisher Johann Friedrich Cotta moved from Tübingen to Stuttgart. In Paris the French Revolution had shaken the peoples of Europe from their sleep and the upheavals of the Napoleonic wars had, to quote the poet Ludwig Uhland, "crushed as in a mortar" even the cosy little state of Württemberg. This was to be reflected in the artistic scene. On the Kahlenberg near Stuttgart, Cotta met the young Friedrich Schiller, marking the beginning of a friendship which was to benefit Stuttgart too. From it emerged the newspaper "Die Horen," to which Cotta got Johann Wolfgang von Goethe and many other writers to contribute, and which was to found Stuttgart's reputation as a city of publishers and writers. In 1797 Goethe visited to the town, describing it in his travel journal as lying "most seriously in the evening twilight in its circle of mountains." He stayed with the merchant Gottlob Heinrich Rapp in his house next to the Stiftskirche. Soon, Rapp's house developed into a cultural meeting place for the city. It and other bourgeois homes were frequented by sculptor Johann Heinrich Dannecker, writers Gustav Schwab, Wilhelm Hauff, Christian Daniel Schubart, Eduard Mörike and Jean Paul. Though this was sometimes confusing for strait-laced Stuttgart society, it was more often enriching.

A hundred years later the city experienced another period of stimulation, this time in the industrial sector. Towards the end of the nineteenth century the great inventors entered the city: Gottlieb Daimler, inventor of the motor car, Wilhelm Maybach, the engine builder, Robert Bosch, the father of magneto ignition for car engines, and legendary entrepreneurs of the early twentieth century. One thing, however, is striking: none of them came from Stuttgart. All came from the flat country into the city. Even Friedrich Hegel was not really a native, despite being described later as the most Swabian of all philosophers. He was of Austrian origin, his ancestors having come to the totally depopulated town in the wake of the Thirty Years' War. Thus one should not attribute

any genetic background to the popular thesis alleging that Swabians have an inborn talent as "writers, philosophers and inventors." One hundred and fifty years ago Ferdinand von Steinbeis, the state's great industrial patron, lamented how arduous it was trying to inject into the Swabians that industrial diligence which Swabian legend claims to have been one of their oldest and best virtues. It has largely been immigrants from Switzerland, from the Habsburg empire, Huguenots driven into exile and Waldensians from France who have contributed over the centuries to making Stuttgart what it is today. After World War II people expelled from their homelands in eastern Europe played their part in the city's development.

At the beginning of the twentieth century the city experienced another cultural spurt, this time emanating from the Stuttgart academy and the school of arts and crafts. Shortly before the old Hoftheater had burned down and the upright King Wilhelm II took advantage of the opportunity to bestow two new buildings upon the royal seat, a theatre and an opera house, beautifully set amidst the New Palace park. Max Littmann, the Chemnitz architect who had already built theatres in Munich, Berlin and Weimar, was commissioned to design the opera house.

Around the same time, in 1906, Karl Adolf Hölzel from Ölmütz and Dachau was called to the Stuttgart academy. Hölzel, the forerunner of abstract painting, was described by a chronicler as a "pike in a carp pond." His school produced major radical painters like Oskar Schlemmer, Willi Baumeister and Hugo Stenner. In 1912 Theodor Fischer, one of the outstanding architects of the day, built the arts building on Schlossplatz, reproduced in reverent imitation after World War II. Fischer also designed the Erlöserkirche, a programmatic church in the style of a simple village church, completing the departure from historicist ornamentation. Unfortunately, its heavy coffered ceiling did not survive the Second World War. Between 1914 and 1928 Paul Bonatz, architect and founder of the "Stuttgart School," designed Stuttgart main sta-

tion, a monument to the new functionalism, a mammoth building which even now is an example of outstanding architecture. In 1914 Martin Elsaesser introduced reinforced concrete into the market hall as an "aesthetic functional support." In 1927, sixteen architects from five European countries joined forces in designing and building the Weissenhof estate of the Deutscher Werkbund, a crafts movement, a unique testimony to modern estate architecture long before the Weimar Bauhaus, founded in 1919, made the 1920s style internationally famous. Mies van der Rohe had won the argument with Bonatz: Hans Scharoun, Max Taut, Le Corbusier and Walter Gropius, to name but the best-known, built what Bonatz derided as a "suburban Jerusalem on the Stuttgart hills," a comment which was later to give the Nazis plenty of fodder in their campaign against the "racially alien" architecture of the Bauhaus school.

Another blast of fresh air blew through the valley after World War II. In 1956 Fritz Leonhard completed the Stuttgart television tower. At the same time, Rolf Gutbrod, Blasius Spreng and Adolf Abel designed the Stuttgart Liederhalle, a concert hall with incredible dynamics both in its interior and in the arrangement of the various building components, a synthesis of exposed concrete, mosaic walls and clear glass frontages. Finally, in

the 1980s, post-modernism arrived in Stuttgart when the British architect James Stirling won a competition to design an extension for the Stuttgart state gallery and the state academy of music. Both buildings stand beside the wide urban highway, lacking contact with the traditional cultural district on the edge of the old city centre. Hence they have to make their own statement. Stirling designed a place of pilgrimage for lovers of post-modern art, a large-scale sculpture that dares to make the leap from building to work of art and combines seemingly whimsical references to antiquity and classicism. Clad externally with brownish Cannstatt travertine and sandstone from Kraichgau, all manner of playful details, such as pink handrails or artificial holes in the wall, lend the building flair and charm. Staircases and ramps lead the visitor through the exhibitions around a large interior courtyard.

Stirling gave the Stuttgart cultural scene a new centrepiece. Now cultural institutions are strung like pearls along the valley: the old state gallery (a classical three-winged building erected in 1842 and designed by Gottlob Georg Barth); the new state gallery, the state academy of music, likewise designed by Stirling; the 1990 state deputies' building; the 1969 Württemberg state library, set into the green hillside, the main state archive and the former residence of the last king, Wilhelm II, the 1840 Wilhelmspalais designed by court architect Giovanni Salucci which now houses the municipal library.

On the other side of the urban freeway this dialogue is continued by Littmann's great Württemberg State Theatre, built in 1912, where John Cranko and Marcia Haydée once founded the Stuttgart Ballet's worldwide reputation, the smaller, 1962 state theatre, the delicate glass cube of the Baden-Württemberg state assembly building (1961), built on the site of the former Hohe Carlsschule military academy, and the New Palace, built between 1747 and 1807 in late Baroque and early classical style.

Im Daimler-Benz-Museum in Stuttgart-Untertürkheim sind die Automobile der Konstrukteure Gottlieb Daimler, Carl Benz und Wilhelm Maybach zu sehen.

The first epoch-making vehicles by car designers Gottlieb Daimler, Carl Benz and Wilhelm Maybach are on show in the Daimler-Benz Museum in Stuttgart-Untertürkheim.

Au musée Daimler-Benz, à Stuttgart-Untertürkheim, on pourra admirer les premiers engins mobiles réalisés par les constructeurs automobiles Gottlieb Daimler, Carl Benz et Wilhelm Maybach.

Le boulevard des temples de la culture de Stuttgart –
un dérivatif à des blessures lancinantes

Lorsque, venant du sud, la 1ère Armée française et la 7e Armée américaine qui arrivait du nord, firent leur entrée à Stuttgart, elles se trouvèrent en présence d'un champ de ruines. Plus de la moitié de toutes les maisons avait été détruite au cours des raids aériens de juillet et novembre 1944, 4 477 personnes avaient été tuées et 8 900 blessées. Cette ville, encaissée depuis des siècles dans sa cuvette, semblait être littéralement faite pour qu'une main vienne y mettre de l'ordre, pour que se voient réalisées d'audacieuses visions en matière d'urbanisme, pour qu'elle joue un rôle nouveau dans le milieu de «petite culture» (ainsi que l'écrivait un agronome au XIXe siècle) qui l'environnait.

Les tentatives faites en ce sens étaient fort contraires: Arnulf Klett, bourgmestre de l'époque, songea tout d'abord à transférer à Stuttgart l'établissement thermal de Bad Cannstatt afin de poser la première pierre de la reconstruction de la municipalité qui serait alors devenue ville d'eaux et station balnéaire. Mais les habitants de Stuttgart avaient d'autres préoccupations. «Nous n'avons pas besoin d'art, nous avons besoin de pommes de terre», avait déjà déclaré, cent ans auparavant, un député devant la Diète de Stuttgart, traduisant ainsi une opinion toute empreinte de piétisme et généralement répandue dans le pays du Wurtemberg. C'est ainsi que réussit à s'imposer, dans les premiers temps, une planification urbaine qui n'a cessé, jusqu'à ce jour, de donner du fil à retordre à Stuttgart.

La Königstraße, devenue dès l'avènement de la royauté, si ce n'est encore plus tôt, l'artère principale de la ville, fut décongestionnée grâce à l'aménagement d'une autoroute urbaine parallèle au tracé de la vallée. Cela a, certes, permis aux urbanistes de faire de cette ancienne rue commerçante, bordée également de bâtiments administratifs, une zone marchande d'où le trafic est banni. Mais le but envisagé, à savoir sa restauration, ne fut pas atteint. C'est au contraire une ville nouvelle que l'on vit naître, répondant aux critères de l'urbanisme de l'époque. Le citadin des temps modernes, déclarait alors l'urbaniste Walter Hoß devait « acquérir un sentiment de sécurité dans les flots de la circulation dont il est entouré et se réjouir de l'accélération de la vitesse.» Or, on n'avait pas considéré que, ce faisant, l'on dissociait ce qui était naturellement venu se souder au fil des siècles et avait fini par constituer le cœur de la vieille ville. La Staatsgalerie se voyait ainsi séparée de l'Opéra et du Staatstheater, le

Nouveau Château de l'Ancien, le Bohnenviertel (Quartier des Haricots), sympathique cité ouvrière de Stuttgart, du noyau urbain autour de l'Hôtel de Ville et de la Place du Marché, le Wilhelmspalais, résidence du dernier monarque wurtembergeois (aujourd'hui Bibliothèque municipale) d'autres palais autrefois luxueux situés en bordure de la Place du Château et dans les parcs. Ce qui avait été conçu pour faire naître l'impression d'ampleur et d'aération, à l'intention des citadins motorisés d'après-guerre, prit finalement la forme d'un carré d'aspect plutôt martial, accaparé par la circulation, en plein cœur de la vieille ville.

Peut-être ce genre d'urbanisme eut-il également ses bons côtés. La lutte opiniâtre, menée contre le projet de déblaiement des ruines du Nouveau Château et du démantèlement du Kronprinzenpalais au profit d'une rue à quatre voies passant à l'angle le plus «sensible» de la Place du Château, permit de prendre conscience des erreurs qui avaient été commises et demandaient à être corrigées. Le concept élaboré par les héritiers de la génération des années de reconstruction, dès les années 70, dans l'intention de remédier à ces blessures, finit ainsi par s'imposer.

Pour Stuttgart, les corrections de ce genre n'ont rien de nouveau. Depuis toujours, l'évolution culturelle et artistique de la ville s'était faite par à-coups, en partie inespérés. Frénésie de construction et retour à la raison sur le plan artistique ne cessèrent d'alterner. Pour ce qui est de Stuttgart, on ne peut parler d'un épanouissement organique du concept urbain à travers les siècles, concept portant également l'empreinte de la classe bourgeoise, comme cela peut valoir pour Hambourg, Francfort-sur-le-Main ou Nuremberg.

L'éditeur Johann Friedrich Cotta, venu de Tübingen, s'était installé à Stuttgart vers la fin du XVIIIe siècle. La Révolution française, partie de Paris, avait tiré de leur torpeur les peuples d'Europe et les tourments des guerres napoléoniennes n'avaient pas épargné le «Petit Pays» de Wurtemberg où il faisait si bon vivre, mais l'avait, bien au contraire, «écrasé comme dans un mortier», ainsi que l'écrivait le poète Ludwig Uhland. Tout cela ne manqua pas de se répercuter dans le domaine artistique. C'est sur le Kahlenberg, près de Stuttgart, que Cotta rencontra le jeune Friedrich Schiller, rencontre qui marqua le début d'une amitié qui devait également s'avérer profitable pour Stuttgart. C'est ainsi que put voir le jour la revue «Die Horen» à laquelle Cotta gagna également Johann Wolfgang von Goethe et nombre d'autres écrivains. Elle devait fonder la réputation de Stuttgart en tant que ville de l'édition et de la littérature. En 1797, Goethe se rend en visite à Stuttgart, ville «qui, encerclée de montagnes, reposait fort gravement dans le crépuscule du soir» ainsi qu'il l'écrivait dans ses notes de voyage. Il y prit ses quartiers chez le négociant Gottlob Heinrich Rapp, dans la maison de ce dernier, située près de l'église abbatiale. La Maison Rapp se transforma bientôt en cercle culturel de

la ville: le sculpteur Johann Heinrich Dannecker, les écrivains Gustav Schwab, Wilhelm Hauff, Christian Daniel Schubart, Eduard Mörike et Jean Paul en étaient de fidèles habitués. Ils fréquentaient également d'autres maisons bourgeoises de Stuttgart, ce qui ne manqua pas de déconcerter l'honnête homme de Stuttgart mais s'avéra aussi, le plus souvent, enrichissant.

Cent ans plus tard, un phénomène du même genre se reproduisit, venant, cette fois, stimuler le secteur industriel. C'est en effet vers la fin du siècle dernier que les grands «bricoleurs» (entendez inventeurs) firent leur entrée dans la ville: Gottlieb Daimler, inventeur de l'automobile, Wilhelm Maybach, constructeur de moteurs, Robert Bosch, père de l'allumage magnétique pour moteurs automobiles et légendaire capitaine d'industrie des débuts du XXe siècle. On notera qu'aucun d'entre eux n'était natif de Stuttgart. Tous avaient quitté la campagne pour affluer en ville. A vrai dire, Friedrich Hegel n'était pas, lui non plus, un autochtone bien qu'on l'ait désigné, plus tard, de «plus souabe» de tous les philosophes. Ses ancêtres étaient des Autrichiens venus s'installer dans la ville alors entièrement dépeuplée par suite de la guerre de Trente Ans. Aussi, lorsqu'il est question du sens soi-disant inné des Souabes en tant que «poètes, penseurs et bricoleurs», on se gardera bien de remettre cette thèse folklorique fort répandue dans un quelconque contexte génétique. Ferdinand von Steinberg, grand promoteur de l'industrie du pays, était bien placé pour savoir combien il était difficile, voilà 150 ans, d'inculquer aux Souabes sur le plan industriel, cette fameuse «assiduité» qui, si l'on en croit la légende souabe, est l'une de leurs plus anciennes et plus remarquables vertus. Ce furent, bien plus, les immigrants venus de Suisse, de l'empire habsbourgeois, les huguenots chassés de leur patrie, ainsi que les Vaudois issus de France, qui, au fil des siècles, firent de la ville de Stuttgart, ce qu'elle est aujourd'hui. A l'issue de la Seconde Guerre mondiale, les expulsés des territoires de l'Est apportèrent, à leur tour, leur contribution au développement de la ville.

Au début du siècle, la ville connut, de nouveau, un regain d'activité sur le plan culturel. L'impulsion était venue, cette fois, de l'Académie de Stuttgart et de l'Ecole des Arts décoratifs. Peu de temps auparavant, un incendie avait détruit l'ancien Théâtre de la Cour et le roi intègre qu'était Wilhelm II saisit l'occasion pour faire don à sa ville résidentielle de deux nouveaux bâtiments: un théâtre et un opéra, plaisamment situés au milieu des parcs du Nouveau Château. May Littmann, architecte natif de Chemnitz, qui avait déjà conçu plusieurs théâtres, à Munich, Berlin et Weimar fut chargé de la construction de l'opéra. A cette même époque, Karl Adolf Hötzel qui avait auparavant enseigné à Ölmitz et Dachau avait été nommé à un poste de l'Académie de Stuttgart. Il était l'un des précurseurs de la peinture abstraite, «un brochet dans la mare aux carpes», autrement dit une véritable vedette comme l'écrivait alors un chroniste. De son école sont issus des peintres aussi éminents et radicaux que Willi Baumeister, Oskar Schlemmer ou Hugo Stenner. En 1912, Theodor Fischer, l'un des plus grands architectes de l'époque, construisit le Kunstgebäude (Palais des Beaux-Arts) bordant la Place du Château. Après la Seconde Guerre mondiale, ce Palais ressuscita des cendres sous forme de réplique respectueusement fidèle au modèle original. C'est à lui que l'on doit également l'Eglise de la Rédemption (Erlöserkirche), édifice religieux conçu dans le style d'une église de village de caractère sobre. Elle consacre l'abandon de toute ornementation historicisante. Toutefois, son lourd plafond à caissons n'a pas survécu à la Seconde Guerre mondiale. Entre 1914 et 1928, Paul Bonatz, architecte et fondateur de l'«Ecole de Stuttgart», réalisa la gare centrale de Stuttgart, exemple monumental de la Neue Sachlichkeit, le néo-réalisme, et aujourd'hui encore fleuron du genre en matière d'architecture. Dans la construction de la Markthalle (Marché couvert), Martin Elsaesser introduisit, en 1914, le béton armé, en tant que «vecteur de fonction esthétique».

En 1927, !6 architectes, originaires de cinq pays européens, se rencontrèrent au lotissement Weißenhof du «Deutscher Werkbund» et créèrent un document hors pair d'architecure moderne en matière de lotissement, et cela bien longtemps avant que le Bauhaus, fondé en 1919 à Weimar, impose, sur le plan international, le style des années 20. Mies van der Rohe était sorti vainqueur de la polémique l'opposant à Bonatz: Hans Scharoun, Max Taut, le Corbusier et Walter Gropius pour n'en citer que les plus importants, créèrent une «Jérusalem de banlieue sur les hauteurs de Stuttgart», formule railleuse de Bonatz qui, plus tard, contribua à alimenter les interventions des National-Socialistes contre «l'architecture contraire à la race» de l'Ecole du Bauhaus.

Enfin, un vent de fraîcheur devait souffler encore une fois sur la vallée, après la seconde Guerre mondiale. En 1956, Fritz Leonhard avait achevé la Tour de Télévision de Stuttgart; parallèlement à cela, Rolf Gutbrod, Blasius Spreng avaient conçu la Stuttgarter Liederhalle, salle de concerts

d'une incroyable dynamique à l'intérieur, en même temps que ses différents corps de bâtiments constituent une synthèse de béton apparent, de murs de mosaique et de façades de verre translucides .

Enfin, c'est au cours des années 80 que l'architecture postmoderne fit son entrée à Stuttgart. L'Anglais James Stirling, sorti vainqueur d'un concours se vit confier l'agrandissement de la Staatsgalerie et de l'Ecole supérieure de Musique. Ces deux bâtiments se dressent en bordure de l'autoroute urbaine de Stuttgart. N'étant pas à l'unisson du quartier où, à la périphérie de la ville, se concentre traditionnelement la culture de Stuttgart, ils doivent eux-mêmes se mettre en relief en imposant leurs accents personnels. Stirling créa un lieu de pélerinage pour amateurs de postmodernisme, une plastique en soi, qui ose franchir le pas de son statut de bâtiment à celui d'œuvre d'art et opère, avec une apparente désinvolture, la synthèse d'éléments issus de l'Antiquité et du classicisme. Fait de travertin extrait près de Cannstatt, d'une teinte tirant sur le brun et de grès du Kraichgau, l'édifice présente également toutes sortes de détails décoratifs qui lui confèrent son excentricité et son charme: ainsi les mains courantes rose bonbon ou les trous artificiellement creusés dans les murs. Escaliers et rampes guident le visiteur à travers les expositions groupées autour d'une grande cour intérieure. Stirling donna ainsi au mail culturel de Stuttgart un nouveau pôle d'attraction. Alignés telles les perles d'un collier, les musées se succèdent tout au long de la vallée: l'ancienne Staatsgalerie, un bâtiment à trois ailes de style néoclassique érigé en 1842 d'après les plans de Gottlob Georg Barth, la Nouvelle Staatsgalerie, l'Ecole supérieure de Musique, elle aussi une œuvre de Stirling, la Maison des Députés du parlement du Land, construite en 1990, la Bibliothèque du Land de Wurtemberg, bâtie sur la pente verdoyante de la colline en 1969 ainsi que le Hauptstaatsarchiv (archives régionales) et le

Wilhelmspalais, ancienne maison d'habitation du dernier roi, Wilhelm II, réalisé en 1840 par l'architecte Giovanni Salucci et abritant aujourd'hui la Bibliothèque municipale.

De l'autre côté de l'autoroute urbaine, le dialogue est repris par le monumental édifice de la «Grande Maison» (Großes Haus) du Théâtre national du Wurtemberg réalisée par Littmann en 1912, où John Cranko et Marcia Haydée fondèrent autrefois la réputation internationale du Corps de Ballets de Stuttgart, par la «Petite Maison» (Kleines Haus) du Théâtre national, bâtie en 1962, par le cube de verre d'apparence gracile qui abrite le parlement du Land de Bade-Wurtemberg et se dresse sur le terrain de l'ancienne Académie militaire de la Hohe Carlsschule ainsi que par le Nouveau Château, érigé entre 1747 et 1807 dans le style du baroque et des débuts du néo-classicisme.

Paul Bonatz baute zwischen 1914 und 1928 den Hauptbahnhof, ein Glanzstück der Stuttgarter Architektur. Von seinem markanten Turm überblickt man die Stuttgarter Hauptachse, die Königstraße.

The main station, built between 1914 and 1928 by Paul Bonatz, is one of Stuttgart's architectural gems. Its distinctive tower points the way along Stuttgart's main artery, Königstrasse.

Entre 1914 et 1928, Paul Bonatz construisit la gare centrale, fleuron de l'architecture de Stuttgart. Sa tour caractéristique se dresse en bordure de l'axe routier principal de Stuttgart, la Königstraße.

Ehedem Hauptstraße für den Durchgangsverkehr, ist die Königsstraße inzwischen zu einer beliebten Flaniermeile geworden. Links der Königsbau, im Hintergrund das Marstallgebäude.

Königsstrasse used to be a main road for through traffic but is now a popular place to take a stroll. The Königsbau is here seen on the left, with the Marstall, or (former) royal stables, to the rear.

La Königsstraße, autrefois route principale pour le trafic, est entretemps devenue un lieu de flânerie très apprécié. A gauche se trouve le «Königsbau» et en arrière plan, le «Marstallgebäude» (écuries royales).

Ein Gebäude, „das sich selbst zum Kunstwerk ernannt hat": Blick aus der Fensterfassade der berühmten Stuttgarter Staatsgalerie (1979–1984) des Briten James Stirling. Sie wurde zum Vorbild für viele andere postmoderne Bauten in Baden-Württemberg.

A building "that has proclaimed itself a work of art": a view from the window facade of Stuttgart's renowned Staatsgalerie, built in 1979–1984 and designed by British architect James Stirling. Many other post-modern buildings in Baden-Württemberg have been modelled on it.

Un bâtiment «qui s'est proclamé lui-même œuvre d'art»: une vue des fenêtres de la façade de la célèbre «Stuttgarter Staatsgalerie» (1979–1984) du britannique James Stirling. Elle devint le modèle pour beaucoup d'autres édifices postmodernes du Bade-Wurtemberg.

Ein letztes Geschenk des
württembergischen König-
tums an die Stadt war die
Staatsoper. Nach Plänen von
Max Littmann wurde der
stattliche Koloß bis 1912
errichtet, teilweise finanziert
durch Orden und Adelstitel,
die der württembergische
König Wilhelm II. an reiche
Industrielle in ganz Deutschland für eine Million Mark
verkaufen ließ.

The Staatsoper was a last
gift to the city from the royal
house of Württemberg. De-
signed by Max Littmann, it
was completed in 1912 and
partly financed by honours
and titles that King Wilhelm
II sold to rich industrialists
all over Germany for one
million marks.

Le «Staatsoper» (opéra de la
ville) est un dernier don de
la maison royale du Wur-
temberg. D'après les plans
de Max Littmann, l'édifice
colossal fut érigé en 1912,
en partie financé par les
ordres et titres de noblesse
que le roi Guillaume II fit
vendre pour un million de
marks aux riches industriels
de toute l'Allemagne.

Ein Bild aus den großen Tagen des Stuttgarter Balletts. John Cranko, der 1973 plötzlich gestorbene Choreograph, inszenierte „Schwanensee". Crankos Synthesen aus Witz, Virtuosität und dramatischen Effekten haben die Compagnie weltberühmt gemacht.

A snapshot from the Stuttgart Ballet's heyday: Tchaikovsky's "Swan Lake," directed by John Cranko, who died suddenly in 1973. Cranko's synthesis of wit, virtuosity and dramatic effects made the company world-famous.

Une image du ballet de Stuttgart dans ses grands jours. John Cranko, le chorégraphe, qui décéda brusquement en 1973, mit en scène le «Schwanensee» (le lac des cygnes) de Tschaikowski. La synthèse d'humour, de virtuosité et d'effets dramatiques de Cranko a apporté à la compagnie une renommée mondiale.

Die Lage im Kessel zwingt
seit eh und je zu verdichteter
Bebauung. Auch der Wie-
deraufbau der Innenstadt
nach dem Krieg hat daran
wenig geändert.

Stuttgart's valley location
has always made it essential
to build as densely as possible, and the post-war reconstruction of the city centre
made little difference in this
respect.

La situation de la ville dans
la vallée contraint depuis
toujours à un aménagement
urbain concentré. La reconstruction du centre après la
guerre n'a pas failli à la
règle.

Die Markthalle beim Alten Schloß hat Architekturgeschichte geschrieben. Martin Elsässer setzte 1914 bei der weitgespannten Bogendecke zum ersten Mal Stahlbetonbögen als ästhetisches Element ein.

The Markthalle, or market hall, near the Altes Schloss made architectural history. In 1914 Martin Elsässer used reinforced concrete arches as a roof feature for aesthetic effect for the first time ever.

La «Markthalle» ou halle du marché, près du Vieux Château, a écrit une page de l'histoire de l'architecture. En 1914, Martin Elsässer a posé pour la première fois des ogives en béton armé comme élément esthétique pour en faire des arcs apparents sur toute la longueur du toit.

Schleifstein, Schraubstock und Werkbank, das waren die Werkzeuge, mit denen Gottlieb Daimler 1883 sein erstes Motorzweirad (rechts) mit Benzinmotor und Glührohrzündung baute. Seine Werkstatt, die ihm einmal sogar eine Haussuchung wegen Falschmünzerei einbrachte, ist im Daimler-Benz-Museum wiedererstanden.

Whetstone, vice and fitter's bench were the tools used by Gottlieb Daimler in 1883 to construct his first motorised two-wheeler (right) with a petrol engine and glow tube ignition. A replica of his workshop, which was once raided by the police because he was suspected of counterfeiting coins, can be seen in the Daimler-Benz Museum.

Pierre à aiguiser, étau et établi, ce furent les outils avec lesquels Gottlieb Daimler construisit, en 1883, son premier deux-roues (à droite) avec un moteur à essence et un tube d'allumage électrique. Ses activités lui valurent même une fois une perquisition à domicile car il fut suspecté d'être un faux-monnayeur. Une reconstitution de son atelier d'époque peut être visitée au musée Daimler-Benz.

Als der legendäre Stuttgarter Oberbürgermeister Manfred Rommel einmal gefragt wurde, warum sich der Stuttgarter Geist so klein mache in der Welt, da antwortete er mit der ihm eigenen Noblesse: „Wir sind doch nicht New York." Auch der Stadthistoriker Otto Borst bringt das Wesen der Stadt auf den Punkt: „Stuttgart ist das Kompendium und Konzentrat des Schwäbischen schlechthin." Und das verbietet jeglichen Glanz nach außen, untersagt mit pietistischer Strenge auch allen Pomp. „Sparen", so hat Manfred Rommel einmal seinen Bürgern gesagt, „bedeutet schließlich: Geld nicht ausgeben, das man hat."

„Der Schiller und der Hegel / der Uhland und der Hauff / das ist bei uns die Regel / das fällt hier gar nicht auf", schrieb der schwäbische Literat Eduard Paulus. Und wenn der Schriftsteller Peter Bamm dabei vom „arrogantesten Vers der Literaturgeschichte" sprach, so trifft dies nicht den Kern. Thaddäus Troll, einer der intimsten Kenner des Schwäbischen, hat darauf hingewiesen, daß dieser Satz mit Arroganz wenig, mit Gleichgültigkeit aber recht viel zu tun hat. Tatsächlich: Am Geburtshaus Georg Friedrich Wilhelm Hegels in der Eberhardstraße findet sich wenig von diesem großen Sohn, eine einfache Gedenkplakette genügt den Stuttgartern. Man will halt nicht auftrumpfen im Neckarland, auch nicht in Stuttgart. Zwar haben sich emsige Stadtväter in den 60er Jahren des Wirtschaftswunders einmal den Werbeslogan „Stuttgart – Partner der Welt" gegeben und damit den viel schöneren Slogan „Stadt zwischen Wald und Reben" abgelöst. Aber dieser Weltgeist versteckt sich auf seltsame Weise. Ein Stück pietistischer Weltflucht, die Scheu vor Sinnesfreude und prahlerischem Kunstsinn sowie der inwendige Drang nach Sicherung und Mehrung des Erarbeiteten sind immer mit im Spiel. Es gibt auch nicht unbedingt eine „Szene" in Stuttgart, wo eine künstlerische Boheme Fuß fassen könnte. Gewiß, man trifft sich vielleicht in der „Kiste" und in einer der vielen „Besenwirtschaften", wie die Kneipen der Weingärtner heißen, in den Weinvororten Untertürkheim, Uhlbach oder Rotenberg. Aber dies durchmischt sich mit einem Schuß Gediegenheit.

Dies hängt mit dem Pietismus und dessen strengen Kirchenregiment zusammen, die Württemberg und Stuttgart mehr als andere Landstriche geprägt haben. Unordentliches, Müßiggang und die Lust am Leben sind nicht die hervorstechendsten Eigenschaften der Schwaben. Und nicht von ungefähr geht die berüchtigte schwäbische „Kehrwoche" auf einen Erlaß des frommen Herzogs Christoph aus dem 16. Jahrhundert zurück. Er ordnete an, daß seine Untertanen in regelmäßigen Abständen Hof und Vorgarten zu säubern hätten, eine Einrichtung, die sich bis

heute auch in den modernsten Mietshäusern erhalten hat. In Stuttgart hat auch die Württembergische Bibelanstalt ihren Sitz, das in dieser Art größte Verlagshaus der Welt. Wenn von Bildung die Rede war im Stuttgarter Bürgertum, so wurde das WORT dabei immer mitgedacht. Hatten nicht protestantische Hofprediger sich gegenüber ihrem katholischen Barockfürsten Carl Eugen schon das Recht herausgenommen, „zu Dero Thron und Fürstenstuhl hinzutreten, die unwürdige Hand auf Dero Brust zu legen und das, was Dero zeitliches und ewiges Heil befördern kann, demütigst erinnern zu dürfen"? Auch das Musikleben konnte in der Stadt erst Aufschwung nehmen, als Ludwig Uhland und Friedrich Silcher die inzwischen so mächtige Bewegung der schwäbischen Gesangvereine ins Leben riefen. Daher heißt das größte und schönste Konzerthaus der Stadt auch nicht Philharmonie, sondern „Liederhalle".

Zum Stuttgarter Innenleben gehört gewiß das Bohnenviertel in der Nähe der Leonhardskirche. Es will ein bißchen Rotlichtmilieu sein, hat aber den Geschmack eines gepflegten Landstädtchens nie verbergen können. Zwischen Nachtbars findet sich viel Ehrsames: eine Flaschnerei und ein Trödelladen, eine Boutique oder eine Zoohandlung. Auch das Viertel im Südwesten der Altstadt gibt sich vielfältig. Die Straßen heißen zwar alle nach Grafen, Herzögen, Königen und Königinnen: Pauline, Christoph, Sophie. Aber dort mischen sich auf glückliche Weise schwäbische Kneipen mit ihren typischen Gerichten wie Schupfnudeln oder Maultaschen mit türkischem Gewerbe, mit Khebab-Ständen, „Import/Export"-Läden und Orientteppichen.

Anders als in vielen anderen Großstädten gibt es auch wenig heruntergekommene Ausländerquartiere in Stuttgart. 100 000 Ausländer auf gut 550 000 Einwohner – die uralte Tradition als Einwandererstadt nach dem 30jährigen Krieg, zur Zeit der Hugenottenverfolgungen und noch einmal als „Stadt der Heimatvertriebenen" nach dem Zweiten Weltkrieg hat Stuttgart auf nahezu nahtlose Weise fortgesetzt. Und man findet auch die vornehmen Reservate der Reichen nicht. Frauenkopf, Gänsheide, Hasenberg, Hauptmannsreute – selbst in den teuersten Wohnlagen ist immer noch ein Schuß bodenständiger Bausparerkultur mit dabei.

Dies hängt wiederum mit der Lage im Kessel zusammen, aber auch mit den württembergischen Erbsitten. Das Ackerland wurde jeweils unter den Söhnen aufgeteilt, so daß jene „kleine Kultur" entstand, die schon dem aufgeklärten Beobachter des frühen 19. Jahrhunderts auffiel. Kleine und kleinste Parzellen klettern die Hänge hinauf, auf miniaturhafte Weise erschlossen durch die alten Weinbergtreppen, „Stäffele" genannt. Sie sind Kleinodien für sich, von ihrem ökologischen Wert als Trockenbiotope ganz zu schweigen. Wenn auch sonst wenig wächst auf dem Keuperboden, die Rebsorten Riesling und der Trollinger haben sich vom Neckar- und Remstal aus tief in die Stadt vorgearbeitet. Keinen Steinwurf vom Hauptbahnhof entfernt unterhält die Industrie- und Handelskammer einen eigenen

Weinberg. „Würde man die Trauben nicht ernten, Stuttgart würde im Wein ertrinken", notierte ein französischer Reisender im 18. Jahrhundert. In seinen Parks und Anlagen dagegen erscheint Stuttgart überraschend weitläufig: Der Höhenpark Killesberg ist eine seltsame Mischung aus Erholungszentrum und Messe, weshalb die Stadtväter zur Zeit emsig daran arbeiten, mit ihrer Messe auf die Filder beim Flughafen umzuziehen. Anders dagegen die mit Statuen und Plastiken reich bestückten Schloßgartenanlagen, die sich kilometerweit vom Schloß zum Neckar hin erstrecken, die Mineralbäder mit einbeziehen und im Tiergarten „Wilhelma" ihren Schlußpunkt finden. Auch das ist die Fürstenstadt Stuttgart: Wo Platz gewesen wäre für einen großen Wurf als Residenz, haben die Herzöge und Könige Gärten angelegt, für sich natürlich, aber auch für ihre Stuttgarter. Die meisten von ihnen waren schon zu Königs Zeiten für jedermann zugänglich.

Winzer im Neckar- und Remstal, hier in Rotenberg, durften in ihren Wohnstuben frisch gekelterten Wein ausschenken. Mit einem Besen an der Hauswand wurden sie gekennzeichnet, daher tragen sie den Namen Besenwirtschaft.

In Swabia the many wine hostelries in the Neckar and Rems valleys, like this one in Rotenberg, are known as Besenwirtschaften (broom inns). They date from the time when vintners were allowed to sell freshly pressed wine in their living-rooms, and took their name from the broom affixed to the outside of the house to identify them.

Les vignerons de la vallée du Neckar et de la Rems avaient le droit de servir le vin tout juste sorti du pressoir dans leurs salles de séjour. Le nom de «Besenwirtschaft», donné à ces auberges, leur vient du balai accroché au mur de la maison, signalant qu'on peut y boire le vin nouveau.

Und nicht zu vergessen: die Friedhöfe, Wald-friedhof, Dornhaldenfriedhof, Pragfriedhof, Hoppenlaufriedhof, und wie sie alle heißen. Hier, wo die Stuttgarter freudig ihrer Auferstehung harren, hat auch mancher ihrer Großen einen würdevollen Platz: der Dichter Eduard Mörike, der Luftschiffbauer Ferdinand Graf von Zeppe-lin, der Maler Willi Baumeister und die Verle-gerfamilie Hallberger (später Deutsche Verlags-anstalt) auf dem Pragfriedhof, der ehemalige Bundespräsident Theodor Heuss, der Konstruk-teur Robert Bosch, der Architekt Paul Bonatz, der Sänger Wolfgang Windgassen und die Maler Adolf Hölzel und Oskar Schlemmer auf dem Waldfriedhof, der Bildhauer Johann Heinrich Dannecker, die Dichter Gustav Schwab, Wil-helm Hauff und Friedrich Daniel Schubart sowie der Verleger Johann Friedrich Cotta auf dem Hoppenlaufriedhof. Aber da liegen auf dem Dornhaldenfriedhof auch Andreas Baader und Gudrun Ensslin, die RAF-Terroristen, deren letz-te Ruhe die Stadt 1976 beinahe entzweit hätte. Oberbürgermeister Manfred Rommel jedoch hat-te sich mutig für die Beisetzung eingesetzt und so verhindert, daß von Stuttgart der Ruch des Klein-muts ausging.

Rommel sollte recht bekommen. Den Mantel der Biederkeit hatten die Stuttgarter seinerzeit voll-ends abgelegt. Heute hat die Stadt endlich jenes weltläufige Flair, dessen sie sich über Jahrhun-derte hinweg eigentlich stets geschämt hatte. Ihr Bild wird geprägt von den großen Industrieunter-nehmen wie Daimler-Benz im Vorort Untertürk-heim, IBM in Stuttgart-Vaihingen oder Robert Bosch auf der Schillerhöhe und in Stuttgart-Feu-erbach, denen Stuttgart hauptsächlich seinen Aufschwung als Industriezentrum des Landes Baden-Württemberg verdankt. Aber dies zeigt sich auch in einem künstlerischen Gewand. Kaum ein freier Platz, wo heutzutage nicht mo-derne Bildhauer wie Herbert O. Hajek mit seinen „Stadtmalen" oder Nigel Calder mit seinen „Mo-biles" auf sich aufmerksam machen. Die Hanns-Martin-Schleyer-Halle gleich bei Daimler-Benz in Untertürkheim und das Musical-Center in Möhringen auf den Fildern, das neue Mineralbad Leuze oder die Firmenzentralen von Züblin in Möhringen, Leitz in Feuerbach oder die gewalti-gen Banken-Glaspaläste am Hauptbahnhof – sie zeigen heute einen Drang zur Höhe und zum Stolz, zum „Hinausgucken aus dem Kessel", ei-ne Neigung, die Stuttgart bis dahin fremd gewe-sen war.

When Manfred Rommel, Stuttgart's legendary mayor, was once asked why the spirit of Stuttgart did not make more of itself in the world, he replied with typical high-mindedness: "This is not New York." Local his-torian Otto Borst describes the city's essence dis-tinctly as follows: "Stuttgart is the compendium and concentrate of everything Swabian." Being Swabian means not making an outward show and religiously forsaking any pomp and circum-stance. As Manfred Rommel once told his fel-low-citizens: "In the final analysis saving means not spending money which one has."

"Schiller and Hegel / Uhland and Hauff / With us they are the rule / And not the exception," wrote the Swabian man of letters Eduard Paulus. And though the writer Peter Bamm described this as the "most arrogant verse in the history of litera-ture," he was actually missing the point. Thad-däus Troll, among the people most intimately ac-quainted with Swabianism, pointed out that the words had a great deal more to do with indiffer-ence than arrogance. And indeed, there is little to commemorate the great philosopher Georg Friedrich Wilhelm Hegel at the house in Eber-hardstrasse where he was born, the Stuttgarters being contented with a mere memorial plaque. People in the Neckar region and Stuttgart are not given to bragging.

Admittedly, during the years of Germany's eco-nomic miracle in the 1960s, some eager city fa-thers adopted the slogan "Stuttgart – Partner to the World" to replace the much more attractive previous one "City amid Woods and Vines." And yet the city has a strange way of concealing this cosmopolitan spirit. A pietistic flight from reali-ty, inhibitions about indulging the senses or mak-ing a big show about artistic appreciation all play a role. Nor is there necessarily a "scene" in Stuttgart where a Bohemian art world could es-tablish itself. Certainly, people might meet in the "Kiste" or one of the many "Besenwirtschaften" as the vintners' hostelries are called, in the wine-growing suburbs of Untertürkheim, Uhlbach or Rotenberg. But this is mixed with a dash of staid-ness.

This is linked to pietism and its strong church regime which has left its mark on Württemberg and Stuttgart more than other parts of Germany. Untidiness, idleness and a pleasure in life are not the Swabians' most obvious characteristics. And it is not by chance that the famous Swabian "Kehrwoche" dates back to a 16th-century edict of the pious Duke Christoph. He ordered his sub-jects to clean their courtyards and front gardens at regular intervals, an arrangement which has sur-vived to this day even in the most modern rented apartment blocks. For this reason, too, the Würt-tembergische Bibelanstalt, the world's largest Bible publishing house, has its headquarters in Stuttgart. Whenever the Stuttgart bourgeoisie spoke of education they automatically included religious education. Had not Protestant court preachers managed to get their Catholic Baroque prince Carl Eugen to grant them the right "to ap-proach his throne and princely seat, to lay their unworthy hand upon his breast and most humbly

to remind him of what can promote his temporal and eternal well-being?" Even musical life in the city only began to enjoy an upturn when Ludwig Uhland and Friedrich Silcher founded the Swabi-an Choral Societies, now such a powerful move-ment. Since that time the city's largest and most attractive concert hall has not been called the phil-harmonia but the "Liederhalle."

The Bohnenviertel district near the Leonhards-kirche is definitely a part of Stuttgart's inner life. It tries to be a little like a red light area but has never been able to conceal the aura of a well-kept country town. In between the night bars are a lot of respectable businesses: a plumber and a bric-à-brac store, a boutique or a pet shop. The district in the south-west of the old city centre is also very varied. All the streets are named after counts, dukes, kings and queens: Pauline, Christoph, So-phie. But Swabian restaurants with their typical dishes like Schupfnudeln or Maultaschen mingle happily with Turkish stores, kebab stands, import-export shops and oriental carpets.

Unlike other large cities, Stuttgart has little di-lapidated accommodation occupied almost en-tirely by foreigners. With 100,000 foreigners among its just over 550,000 residents, Stuttgart has almost without a hiccup continued its long-standing tradition as a city of immigrants, whether after the Thirty Years' War, during the persecution of the Huguenots in France or as a city of ethnic Germans expelled from their home-lands after the Second World War. Equally, the city has no exclusive districts reserved for the rich. Frauenkopf, Gänsheide, Hasenberg, Haupt-mannsreute – even in the most expensive resi-dential areas there is still a touch of long-estab-lished mutual building society culture.

This, again, has to do with the city's location in the valley basin, and also with Württemberg's law of inheritance, whereby agricultural land was divided between sons, giving rise to that "small culture" which struck the enlightened 19th-cen-tury observer. Small and even smaller plots of land climb the hillsides, with miniature access routes formed by the old vineyard stairs, known as "Stäffele." These are treasures in themselves, not to speak of their ecological value as dry biotopes. Though little else may grow on the sandstone marl, Riesling and Trollinger grapes have spread their way from the Neckar and Rems valleys deep into the city. The Chamber of In-dustry and Trade has its own vineyard not a stone's thrown from the main station. "If the grapes were not harvested, Stuttgart would drown in wine," noted a French traveller in the eighteenth century.

Stuttgart's parks and open spaces, on the other hand, are surprisingly extensive. Killesberg hill-side park is a strange mixture of recreation cen-tre and trade fair, which is why the city fathers are currently working hard to transfer the trade fair to a site near the airport. Quite different are the Schlossgarten gardens, richly ornamented with statues and sculptures, which stretch for kilome-

tres from the palace to the Neckar, include the mineral baths and end up in Wilhelma Zoo. This, too, is the royal city of Stuttgart. Where there would have been space to build a larger, more grandiose palace, the dukes and kings laid out gardens, for themselves of course, but also for the people of Stuttgart. Even in the days of royalty most of them were open to all.

Not forgetting the cemeteries – Waldfriedhof, Dornhaldenfriedhof, Pragfriedhof, Hoppenlaufriedhof and all the rest. Here where the Stuttgarters wait in joyous anticipation of resurrection, many of the famous have a worthy place: poet Eduard Mörike, airship builder Graf von Zeppelin, painter Willi Baumeister and the Hallberger family of publishers (later the Deutsche Verlagsanstalt) in the Pragfriedhof; former German President Theodor Heuss, engineer and industrialist Robert Bosch, architect Paul Bonatz, singer Wolfgang Windgassen and painters Adolf Hölzel and Oskar Schlemmer in the Waldfriedhof; sculptor Johann Heinrich Dannecker, writers Gustav Schwab, Wilhelm Hauff and Friedrich Daniel Schubart and publisher Johann Friedrich Cotta in the Hoppenlaufriedhof. But the Dornhaldenfriedhof is also the resting place of Andreas Baader and Gudrun Ensslin, the Red Army Faction terrorists whose burials in 1976 almost cleft the city in two. However, Mayor Manfred Rommel courageously supported burying them here, thus preventing Stuttgart from exuding the whiff of faintheartedness.

Rommel was to be proved right. During his period in office Stuttgart completely cast off the cloak of conservatism. Now, at last, the city has that cosmopolitan aura of which all through the centuries its residents had been ashamed. Now the city's image is characterised by large industrial corporations like Daimler-Benz in the suburb of Untertürkheim, IBM in Stuttgart-Vaihingen or Robert Bosch on Schillerhöhe and in Stuttgart-Feuerbach. It is mainly corporations like these which Stuttgart has to thank for its rise to become the industrial centre of the state of Baden-Württemberg. The transformation is visible too on the artistic front. There is scarcely an empty space without an eye-catching work of art or mobile by modern sculptors like Herbert O. Hajek or Nigel Calder. The Hanns-Martin Schleyer Hall next to Daimler-Benz in Untertürkheim and the Musical Centre in Möhringen, the new Leuze mineral bath, the head office buildings of the construction company Züblin in Möhringen, Leitz, the office supplies manufacturer, in Feuerbach or the banks' mighty glass palaces near the main station – all now display an urge for height and for pride, a desire to "peep over the basin rim," an inclination which was previously alien to Stuttgart.

Ursprünglich war die Calwer Straße eine bedeutende Geschäfts- und Einkaufsstraße des alten Stuttgart, die großenteils zerstört wurde. Die neue Calwer Passage ist seit 1978 zu einem beliebten Einkaufszentrum geworden.

Originally, Calwer Strasse was a major business and shopping street in old Stuttgart. It was largely destroyed, but since 1978 the new Calwer arcade has become a popular shopping centre.

A l'origine, la Calwer Straße était une importante rue commerçante du vieux Stuttgart. Détruite en majeure partie, elle fut remplacée par la galerie marchande «Calwer Straße», devenue, depuis 1978, l'un des centres commerciaux les plus prisés de la ville.

Lorsque l'on demanda, un jour à Manfred Rommel, légendaire bourgmestre de la ville, pourquoi l'esprit de Stuttgart se faisait si humble dans le monde, il répondit avec la noblesse qui le distinguait: «Nous ne sommes tout de même pas New York.» Otto Borst, chroniqueur de l'histoire de la ville a, lui aussi, trouvé le mot juste pour décrire ce qui constitue l'essence véritable de la ville: «Stuttgart est l'abrégé et le condensé de ce qui est souabe par excellence.» Et cela interdit toute manisfestation, vers l'extérieur, d'un faste quel qu'il soit, condamne également toute pompe avec le rigorisme propre au piétisme. «Faire des économies», a dit un jour Manfred Rommel à ses concitoyens «signifie en fin de compte ne pas dépenser l'argent que l'on a.»

«Schiller et Hegel, Uhland et Hauff/C'est, chez nous, la règle/ Cela n'a, ici, rien de particulier», écrivait Eduard Paulus, homme de lettres souabe. Or, quand l'écrivain Peter Bamm parlait à ce propos des «vers les plus arrogants de l'histoire de la littérature», il ne touchait pas le fin fond de la chose. Thaddäus Troll, l'un des connaisseurs les plus intimes de l'âme souabe a fait observer que ces phrases traduisaient moins l'arrogance que l'indifférence. En effet, bien peu de choses rappellent que Georg Friedrich Wilhelm Hegel naquit Eberhardstraße, dans une maison ne portant aujourd'hui qu'une simple plaque commémorative qui semble suffire aux habitants de Stuttgart. Ainsi sont faits les gens ici: on n'aime pas parader dans ce pays des bords du Neckar, non plus qu'à Stuttgart.

Dans le courant des années 60, des magistrats particulièrement zélés, choisirent pour slogan publicitaire: «Stuttgart – Partenaire du monde», le substituant à celui, bien plus joli de «Ville entre forêts et vignobles». Force est de dire toutefois que cette universalité d'esprit est étrangement bien cachée. Une bonne part de dérobade, résultat du piétisme, une certaine appréhension devant les plaisirs des sens et une manifestation ostentatoire de leur génie artistique, ainsi qu'un goût inné pour tout ce qui est consolidation et multiplication de ce qui a été acquis à force de travail, est toujours en jeu. A Stuttgart, on ne trouvera pas non plus de «Szene», c'est-à-dire de milieu marginal où pourrait prendre pied une bohème d'artistes. On se rencontre, certes, à la «Kiste» et dans l'une ou l'autre des nombreuses «Besenwirtschaft» (taverne signalant par un balais – Besen – que l'on peut venir y boire le vin nouveau), ainsi que se nomment ici les auberges des vignerons dans les villages viticoles de la périphérie, tels que Untertürkheim, Uhlbach ou Rotenberg. A tout cela vient se mêler, bien entendu, un tantinet de cette probité si caractéristique de l'honnête homme de la région.

Il faut y voir un corollaire du piétisme et du régime d'austérité que fit régner l'Eglise, deux choses qui ont marqué le Wurtemberg et Stuttgart, bien plus que d'autres régions. Négligence, désœuvrement et joie de vivre ne sont pas les traits de caractère prédominants des Souabes. On ne s'étonnera donc pas que la fameuse «Kehrwoche» des Souabes, la «semaine du balayage», ait été introduite au XVIe siècle, à la suite d'une ordonnance d'un pieux souverain du nom de Christoph. Ce dernier décréta en effet que ses sujets devraient nettoyer, à intervalles réguliers, leurs fermes et leurs jardins de devant, règlement qui a survécu jusqu'à nos jours et est également en vigueur dans les immeubles locatifs les plus modernes. C'est pourquoi la Württembergische Bibelanstalt a, elle aussi, son siège à Stuttgart. Elle représente aujourd'hui la plus importante maison d'édition du monde dans ce domaine. Dans les milieux bourgeois de Stuttgart, être cultivé signifiait être versé dans la Bible. Certains prédicateurs protestants de la cour ne s'étaient-ils pas déjà arrogé le droit, face à leur prince catholique de l'époque baroque, Carl Eugen, de «se présenter devant Votre trône et siège princier, de poser une main indigne sur Votre poitrine et se permettre de rappeler humblement ce qui peut contribuer à Votre salut temporel et éternel?» De même, la vie musicale de la ville ne put s'épanouir qu'après que Ludwig Uhland et Friedrich Silcher eurent donné naissance au mouvement, devenu plus tard si puissant, des chorales souabes. La plus grande et la plus belle de toutes les salles de concerts de Stuttgart n'est d'ailleurs pas celle de la Philharmonie mais la «Liederhalle».

Ce qui est certain, c'est que le «Bohnenviertel», quartier s'étendant aux alentours de l'église St-Leonhard, fait partie de la vie intime des habitants de Stuttgart. Il se veut un peu «chaud», mais n'a jamais pu dissimuler son cachet de petite ville soigneusement entretenue. On y trouvera, à côté des boîtes de nuit, des commerces fort honorables: une plomberie et une brocante, une boutique ou une ménagerie. Le quartier situé au sudouest de la vieille ville se donne des airs multiculturels. Les rues y portent certes encore le nom de comtes, de ducs, de rois et de reines: Pauline, Christoph, Sophie. Mais les bistrots souabes proposant des plats typiques, tels les «Schupfnudeln (sorte de pâtes) ou les «Maultaschen» (gros raviolis) se mêlent agréablement aux petites échoppes turques avec leurs stands de kebab, leur commerce d'import-export, leurs tapis d'orient.

A la différence de nombreuses autres grandes villes, il n'existe pas, à Stuttgart, de quartiers d'étrangers d'aspect insalubre. Cent mille étrangers sur 550 000 habitants – Stuttgart a perpétué la tradition séculaire de ville d'immigration, héritée de la guerre de Trente Ans, de l'époque des persécutions des huguenots et joua une nouvelle fois le rôle de «ville des expulsés» à l'issue de la Seconde Guerre mondiale. On n'y trouve d'ailleurs pas de quartiers huppés uniquement réservés aux riches. Frauenkopf, Gänsheide, Hasenberg, Hauptmannsreute: même dans les zones résidentielles les plus chères, le petit épargnant, attaché au terroir, est aussi un brin représenté.

Cela découle, là encore de la situation encaissée de la ville mais aussi des coutumes wurtembergeoises en matière d'héritage. Les terres étaient partagées entre les fils respectifs, si bien que ce système finit par donner naissance à la «petite culture» qui frappait déjà l'attention de l'observateur éclairé des débuts du XIXe siècle. De petites, voire minuscules parcelles de terre grimpent à flanc de coteau, n'étant accessibles que par de vieux escaliers, les «Stäffele», qui parcourent les vignobles. Ce sont là de véritables joyaux, sans parler de leur valeur en tant que biotopes secs, sur le plan écologique.

Même si bien peu de choses poussent sur ces terres marneuses, les vignobles où sont cultivés les cépages tels que le Riesling et le Trollinger ont gagné du terrain, s'étendant de la vallée du Neckar et de la Rems jusqu'en plein cœur de la ville. La Chambre d'Industrie et de Commerce possède son propre vignoble à quelques pas seulement de la Gare centrale. «Si l'on ne récoltait pas le raisin, Stuttgart serait noyé dans le vin», notait un voyageur français au XVIIIe siècle.

Lorsque l'on parcourt ses espaces verts et ses parcs, la ville de Stuttgart se révèle, par contre, étonnamment spacieuse. Le parc du Killersberg est un curieux mélange de zone de détente et de terrain d'exposition. Aussi les magistrats de la ville mettent-ils actuellement tout en œuvre pour que les expositions aient lieu dorénavant sur les «Filder», les champs près de l'aéroport. Il en va différemment des jardins du Château qui, eux, abondent de statues et de sculptures. Ils s'étendent sur des kilomètres, du Château au Neckar, renfermant des établissements thermaux et se terminent au zoo «Wilhelma». La ville princière de Stuttgart c'est aussi cela: ducs et rois ont aménagé des jardins pour leur propre plaisir, certes, mais également pour celui des habitants de Stuttgart là où ils auraient eu la place de bâtir une résidence en grand style. Aux temps de la monarchie, la plupart de ces parcs étaient d'ailleurs accessibles à tout un chacun.

Nous ne manquerons pas de signaler les cimetières: le Waldfriedhof, le Dornhaldenfriedhof, le Pragfriedhof, le Hoppenlaufriedhof et tous les autres dont le nom nous échappe. Là où les habitants de Stuttgart attendent le jour heureux de leur résurrection, plus d'un grand homme de l'histoire a déjà trouvé une dernière et digne demeure: le poète Eduard Mörike, le constructeur de dirigeables, Ferdinand Graf von Zeppelin, le peintre Willi Baumeister ainsi que la dynastie d'éditeurs Hallberger (future Deutsche Verlagsanstalt) qui reposent tous au cimetière Pragfriedhof; l'ancien président de la République fédérale d'Allemagne, Theodor Heuss, le constructeur Robert Bosch, l'architecte Paul Bonach, le chanteur Wolfgang Windgassen, de même que les peintres Adolf Hölzel et Oskar Schlemmer au Waldfriedhof; le sculpteur Johann Heinrich Dannecker, l'écrivain Gustav Schwab ainsi que l'éditeur Johann Friedrich Cotta au Hoppenlaufriedhof. Mais Andreas Baader et Gudrun Ensslin, terroristes de la RAF, furent également enterrés, en 1976, au Dornhaldenfriedhof, ce qui faillit brouiller les habitants entre eux. Toutefois, le fait que le bourgmestre de l'époque, Manfred Rommel, se soit courageusement prononcé en faveur de leur inhumation, empêcha que le reproche de pusillanimité ne vienne entacher la réputation de Stuttgart.

Les temps qui suivirent donnèrent raison à Manfred Rommel. Les habitants de Stuttgart finirent par se débarrasser de leur manteau de bonhomie. De nos jours, la ville possède enfin une aura de ville ouverte au monde, sentiment qu'elle n'avait jamais osé manifester à travers les siècles passés. Son image de marque lui vient des grandes entreprises industrielles qui s'y sont implantées, telles Daimler-Benz, dans le quartier suburbain de Untertürkheim, IBM à Stuttgart-Vaihingen ou Robert Bosch qui siège sur les hauteurs de Schillerhöhe et à Stuttgart-Feuerbach. C'est à elles que Stuttgart doit principalement son essor en tant que pôle industriel du Land de Bade-Wurtemberg. Mais cela se traduit également dans le domaine de l'art. A peine une place où des sculpteurs contemporains n'attirent l'attention sur leurs œuvres, tels Herbert O. Hajek avec son «Stadtmalen» ou Nigel Calder et ses mobiles. Que ce soit le pavillon Hans-Martin-Schleyer, tout près de Daimler-Benz, à Untertürkheim, le Centre musical à Möhringen, sur les «Filder», le nouvel établissement thermal de Leuze, les sièges sociaux de Zublin à Möhringen, de Leitz à Feuerbach ou encore les énormes palais vitrés des différentes banques groupées autour de la gare centrale, tous traduisent le désir impétueux de se hisser vers les cimes, de montrer leur fierté et de «regarder au dehors, par-delà le bord de la cuvette», inclinaison jusqu'ici étrangère à Stuttgart.

Man nennt ihn den schwä-
bischsten aller Philosophen:
Georg Wilhelm Friedrich
Hegel, der 1770 in diesem
Haus an der Eberhardstraße
geboren wurde. Doch nur
wenig erinnert heute noch an
den großen Sohn der Stadt.

Georg Wilhelm Friedrich
Hegel, born in this house on
Eberhardstrasse in 1770, has
been called the most Swabian of philosophers. But little
now remains to commemo-
rate the city's great son.

Georg Wilhelm Friedrich
Hegel, né dans cette maison
de la Eberhardstraße en
1770, passe pour être le plus
souabe des philosophes.
Néanmoins, peu de choses
rappellent aujourd'hui encore le célèbre fils de la cité.

Als 1984 die Bauzäune der
U-Bahn weg waren und
Stuttgart sich wieder von
seinen schönen Seiten zeigen konnte, zog auf den alten Plätzen auch die moderne Kunst ein. Auf dem Kleinen Schloßplatz beim
Königshaus wurde das „Mo-
bile" von Nigel Calder auf-
gestellt.

In 1984, when the U-Bahn
was completed and construction sites were cleared away,
Stuttgart was spruced up and
modern art found a new
home in the old city-centre
squares. Here, on Kleiner
Schlossplatz near the
Königsbau, is Nigel Calder's
"Mobile."

En 1984, lorsque les palis-
sades du métro furent reti-
rées et que Stuttgart put à
nouveau se montrer sous son
meilleur jour, l'art moderne
pénétra également sur les
vieilles places. Ce fut sur la
petite Schloßplatz près
du «Königsbau» que l'on
dressa le «Mobile» de Nigel
Calder.

Stuttgart ist das Herz des nach dem Ruhrgebiet zweitgrößten Ballungszentrums Deutschlands. Gut ein Drittel der Bevölkerung des Landes Baden-Württemberg drängt sich im mittleren Neckar-Raum zusammen, und dennoch besteht der Reiz dieser Großstadt zu einem Gutteil aus dem Charme ihrer Umgebung. Die Zersiedlung des Landes, Folge uralten dörflichen Eigensinns ebenso wie der Erbsitten, mag der Planer beklagen, der in Siedlungsachsen und Verdichtungsräumen denkt. Aber dem Stuttgarter Umland fehlt glücklicherweise der große planerische Wurf. Und weil die Stadt von einem „Speckgürtel" reicher und meist älterer Mittelstädte wie Böblingen, Esslingen, Waiblingen, Leonberg oder Weil der Stadt umgeben ist, sind dem Moloch Großstadt von Anfang an scharfe Grenzen gewiesen worden. Statt dessen findet sich überall „kleine Kultur", und dies in einer Dichte, die ihresgleichen in Deutschland sucht. Sieht man von der Eingemeindungswelle der 20er Jahre einmal ab, die den Kurort Cannstatt und Industriedörfer wie Feuerbach oder Zuffenhausen in den Stadtverband brachten, so hat die Stadt keinerlei nennenswerte Ausdehnung erfahren. Städte wie Fellbach oder Gerlingen sitzen Stuttgart sogar so dicht im Pelz, daß die Stadtväter Mühe haben, gewerbesteuerträchtige Industriebetriebe an die Metropole zu binden.

Drei topografische Hauptachsen sind es, die in Stuttgart zusammenlaufen, genauer gesagt, in Cannstatt, der alten Rivalin: der südliche und der nördliche Schenkel des Neckars und im Osten das Remstal. Vielfach wächst Wein, soweit ihn die Besiedlung und eine kluge, auf Konzentration und Qualität bedachte Weinbaupolitik übriggelassen hat: Hauptsächlich gedeihen die angestammten Sorten Riesling, Silvaner, Trollinger, Spätburgunder, vereinzelt auch Lemberger und vor allem jene besondere Kreation der schwäbischen Weinkultur, die sich „Schiller" nennt: eine Mischung aus blauen und weißen Trauben, die mit dem klassischen „Rosé" der Italiener und Franzosen keineswegs verwechselt werden darf. So ist die östliche und nördliche Umgebung zuallererst Weinland: Im Remstal, im Bottwartal, an den Hängen des Neckars bis Mundelsheim oder Heilbronn, überall haben Reben ihre Wurzeln tief in den Muschelkalk und den Keuper geschlagen, von dem sie ihren landestypischen „Körper" beziehen, wie der Weinfachmann sagt. Der Weinbau hat frühen Reichtum in diese Gegend gebracht und damit auch viel Geld für Kirchen, Festungen und Straßen. Die Staufer, Schwabens großes Kaisergeschlecht, nahmen von Waiblingen mit seiner wehrhaften Michaelskirche, dem Nonnenkirchle und St. Nikolaus ihren Ausgang. Und obwohl Waiblingen von den Truppen der Kaiserlichen Armee 1634 durch einen verheerenden Brand fast völlig zerstört wurde, so atmet der Ort trotzdem den Geist einer altwürttembergischen Amtsstadt, mit dem Dekanat, dem Fruchtkasten als Lagerhaus für landwirtschaftliche Produkte, den beiden Vogteien oder der ehemaligen Lateinschule.

Weiter aufwärts im Remstal, in den berühmten Weindörfern Stetten, Strümpfelbach, Beutelsbach, Schnait, Großheppach, Korb, Beinstein, Endersbach, Winterbach oder Grundbach dominieren die Keltern, zum Teil riesige scheunenartige Gebäude, in denen die Weinbauern ihren Wein preßten und die heute vielfach zu Heimat- oder Weinbaumuseen umgebaut wurden. Weinbau, Kirche und Adel prägten das Bild dieser Dörfer, heute ist es durch die fast unüberschaubare Zahl von Gastwirtschaften mit ihren heimeligen Namen wie „Ochsen", „Lamm" oder „Löwen" bestimmt. Sie stammen meist aus der beginnenden Neuzeit, jenen Jahren um 1600, als der Weinbau seine große Blüte erlebte. Der Wein förderte auch die Neigung zum schwäbischen Chorgesang, der in der Romantik des beginnenden 19. Jahrhunderts breite Volksschichten erfaßte. Friedrich Silcher, der viele Schubert-Lieder wie „Am Brunnen vor dem Tore" für den Volksmund formte, wurde 1789 in Schnait geboren, wo ein kleines, aber gut gepflegtes und durchaus wissenschaftlichen Ansprüchen genügendes Museum an ihn erinnert.

Im Norden Stuttgarts liegen Stadt und Schloß Ludwigsburg (1704–1733). Sie verdanken ihre Existenz der im Württemberg des frühen 18. Jahrhunderts berüchtigten mecklenburgischen Mätresse des Herzogs Eberhard Ludwig, Wilhelmine von Grävenitz, eines „Menschen", wie die strenggläubigen Stuttgarter Hofprediger schlicht und abfällig sagten, was soviel bedeutete wie eine Mischung aus Hure und Hausdrachen. „Das ganze Leben dieser Dame war Entehrung und Plünderung des Staates", schrieb ein Zeitgenosse. Ludwigsburg ist das Potsdam Stuttgarts, ehemals Garnison und gleichzeitig die barocke Kunststadt eines Lebemanns, ein „Hofstaat" aus Stein, Marmor und Blattgold in des Wortes wahrer Bedeutung. Und obwohl das Herzogtum seinerzeit am Bau nachgerade bankrott ging, ist es heute der ganze Stolz der Schwaben. Was Rang und Namen hatte, baute mit am Corps de logis

mit seinem Innenhof von 203 mal 66 Metern, vor allem war es der Italiener Donato Giuseppe Frisoni. Allein für die Innenausstattung wurden zwölf italienische Stukkateure, Marmoriere, Bildhauer und Maler beschäftigt, ganz zu schweigen vom weitläufigen Park mit den Lustschlößchen Favorite und Monrepos, der heute als „Blühendes Barock" (neuerdings „Ludwigsburger Barock" genannt) zum Ausflugsziel vieler Touristen aus nah und fern geworden ist. Neckarabwärts ist das Schiller-Nationalmuseum in Marbach schon von weitem auf der Höhe zu erkennen, das wertvolle Original-Handschriften der Klassik aus dem Archiv des Verlegers Johann Friedrich Cotta beherbergt. Im burgartigen Städtchen selbst steht das seit 1903 wohl am liebevollsten gepflegte Geburtshaus eines deutschen Dichters. Hier hat die Löwenwirtstochter Elisabeth Dorothea, geborene Kodweiß, am 10. November 1759 ihrem Mann, dem Feldscher Kaspar Schiller, jenen Friedrich geboren, der zwar auf gut schwäbisch immer noch „König" auf „wenig" reimte, indessen in seiner Heimat Anerkennung erst fand, als er schon aus den Fängen des Herzogs Carl Eugen geflohen war.

Einer der schönsten Aussichtspunkte im Neckartal ist der Rotenberg mit Saluccis Grabkapelle für die beliebte Königin Katharina.

The Rotenberg, crowned by Salucci's grave chapel for the popular Queen Katharina, must be one of the loveliest viewing points in the Neckar Valley.

Le Rotenberg, couronné par la chapelle funéraire que Salucci construisit pour la reine Catherine, alors très populaire, est probablement l'un des plus beaux points de vue de la vallée du Neckar.

Nach Westen wiederum öffnet sich das Land in die Muschelkalkhügel des „Gäus", fruchtbarer Landstriche, zwar ohne Weinbau, dafür aber mit weitläufiger Landwirtschaft, die freilich Zug um Zug ausgedehnten Industriegebieten weichen muß. Böblingen hat sich nach den Kriegszerstörungen fast völlig in eine Industriestadt im Weichbild Stuttgarts verwandelt, wo das „High-tech-Ländle" eines seiner Zentren findet. Das benachbarte Sindelfingen ist auf faszinierende Weise alt und jung zugleich. Das Städtchen gilt, dank Mercedes-Benz, als die reichste Stadt des Landes, mit Zebrastreifen aus Marmor und einem Oberbürgermeister, der lange Zeit nicht wußte, wo er die Gewerbesteuermillionen überall verbauen sollte. Der Altstadtkern aus ärmeren Zeiten ist aber zum Glück auch noch erhalten, mit einer Stiftskirche von 1576, einem Rathaus von 1478, einem Salzhaus von 1592 und dem „Hexensprung", einem besonders malerischen Winkel.

Und da liegt die Stadt Herrenberg knapp 30 Kilometer vor den Toren Stuttgarts, ein wahrhaft herrschaftlicher Berg in drei Stufen an den Hängen des Waldgebiets Schönbuch. Dort steht die mächtige spätgotische Marienkirche (letztmals umgebaut 1749), die leider zum Sorgenkind aller Denkmalpfleger geworden ist. Sie wurde auf einem Gipsfelsen errichtet, und dieser schwankende Grund hat ihr ständig neue Umbauten mit der damit verbundenen Vielfalt der Baustile gebracht. Leonberg mit seinem Schloß, dem Rathaus und vielen alten Bürgerhäusern, die Fachwerkfassade des Rathauses von Markgröningen oder Weil der Stadt, der Geburtsort des Astronomen Johannes Kepler und des württembergischen Kirchenreformators Johannes Brenz, sind weitere Beispiele einer lebendigen Städteentwicklung im „Gäu".

Im Südwesten drängen große Buchenwälder gegen die Stadt Stuttgart: Das ehemals königliche Jagdrevier „Schönbuch" mit seinen Hirschbeständen, mit 30 mal 30 Kilometern Ausdehnung das größte zusammenhängende Waldgebiet Württembergs, beginnt schon im Siebenmühlental kurz hinter dem Vorort Vaihingen. Es ist die grüne Lunge und das Naherholungsgebiet des Großraums Stuttgart, wenig von Straßen erschlossen und deshalb an schönen Wochenenden frequentiert von vielen Spaziergängern. Einer der prominentesten unter ihnen war Kurt Georg Kiesinger, von 1958 bis 1966 Ministerpräsident von Baden-Württemberg und bis 1969 deutscher Bundeskanzler.

Die Metropole ist also nicht nur eine Industriestadt. Obwohl sich die Region immer mehr verdichtet, haben die vielen kleineren Städte in der Umgebung ihre schwäbische Eigenart erhalten. Wer Stuttgart besucht, sollte sich deshalb mit der Stadt nicht begnügen. Es lohnt sich, auch über den Talkessel „hinauszugucken".

Stuttgart is the heart of Germany's second largest conurbation after the Ruhr. Over a third of Baden-Württemberg's population is crowded into the central Neckar region, and yet Stuttgart's attractiveness stems largely from the charm of its surroundings. Planners who think in terms of residential zones and numbers of residents per square kilometre may well complain about the overdevelopment of the land as a result of ancient village stubbornness and customs of inheritance. Luckily, however, the region around Stuttgart has not been subject to large-scale town planning. And because the city is surrounded by a "bacon belt" of richer and mostly older medium-sized towns like Böblingen, Esslingen, Waiblingen, Leonberg or Weil der Stadt, right from the outset strict limits have been placed on the city's encroachment. Instead, everywhere one finds "small culture" in a density unparalleled anywhere else in Germany. Apart from a wave of boundary changes in the 1920s which brought Bad Cannstatt and industrial villages like Feuerbach or Zuffenhausen into the municipal fold, Stuttgart has experienced no significant enlargement. Indeed towns like Fellbach and Gerlingen are so close to Stuttgart that the city fathers have problems keeping business tax-paying industrial enterprises in the metropolis.

Three main topographical axes converge in Stuttgart, or more accurately in Cannstatt, its old rival: the south and north legs of the Neckar and the Rems valley in the east. Vines grow wherever settlement and a shrewd wine-growing policy based on concentration and quality have left them undisturbed. Those that flourish best are the traditional local types: Riesling, Silvaner, Trollinger, Spätburgunder, here and there Lemberger and above all a special Swabian wine-growers' creation known as Schiller, made from a mixture of black and white grapes and on no account to be confused with Italian or French rosé.

Thus to the east and north the surrounding region is above all wine country. Everywhere in the Rems and Bottwart valleys, on the slopes above the Neckar as far as Mundelsheim or Heilbronn, vines have struck deep roots in the muschelkalk and sandstone from which they draw what wine experts call their typical local body. Wine-growing brought wealth to the region early on, and with it the money for churches, fortresses and roads. The Staufens, the greatest Swabian imperial dynasty, started out in Waiblingen with its churches – the fortified Michaelskirche, the Nonnenkirchle and St. Nikolaus. And although Waiblingen was almost completely destroyed during the Thirty Years' War in 1634 by the troops of the Imperial army in a devastating fire, it still exudes the spirit of an old Württemberg county town with its deanery, its "fruit box" store for agricultural products, its two landvogt's residences and the former Latin school.

Further up the Rems valley are the wine villages of Stetten, Strümpfelbach, Beutelsbach, Schnait, Grossheppach, Korb, Beinstein, Endersbach, Winterbach and Grundbach. Here the landscape is dominated by wine presses, some of them huge barn-like buildings where the wine-growers used

to press their wine. Now many have been converted into folk or viniculture museums. In the past these villages had their character stamped by wine-growing, church and nobility. Nowadays their appearance is marked by a bewildering number of inns with homely-sounding names like Ochsen, Lamm or Löwen (ox, lamb and lion). Most of them originate from early modern times, those years around 1600 when wine-growing had its heyday. Wine played a role in promoting the Swabian inclination to choral singing, which was taken up by wide sections of the population in the early nineteenth-century Romantic era. Friedrich Silcher, who adapted many of Schubert's lieder like "Am Brunnen vor dem Tore" for folk use, was born in 1789 in Schnait, which has a small but well-kept and academically high-quality museum in his memory.

In the north of Stuttgart lie the town and palace of Ludwigsburg (1704–1733). Both owe their existence to Wilhelmine von Grävenitz, the Mecklenburg mistress of Duke Eberhard Ludwig. Wilhelmine was notorious in early 18th-century Württemberg. The strictly religious Stuttgart court preachers dismissively referred to her simply as a "Mensch" (person), meaning something between a whore and a battle-axe. "This lady's

Ein typisches Weindorf ist Uhlbach mit dem Weinbaumuseum in der alten Kelter und den stattlichen Weinbauernhäusern geblieben.

Uhlbach has remained a typical wine village with its viniculture museum housed in an old wine-press and its vintners' fine houses.

Uhlbach est demeuré un village viticole des plus typiques avec le Musée de la Viticulture, aménagé dans l'ancien pressoir, ainsi que les maisons cossues des vignerons.

whole life was degradation and plundering of the state," one contemporary wrote. Ludwigsburg is Stuttgart's Potsdam, a former garrison town and simultaneously a rake's town of Baroque art, a royal residence of stone, marble and gold leaf which was both court and state. And although at the time the duchy nearly went bankrupt building it, Ludwigsburg is now the Swabians' pride and joy. Everyone who was anyone had a hand in building the main building with its inner court-yard measuring 203 by 66 metres, but the man mainly responsible was Donato Giuseppe Frisoni, an Italian. The interior decor alone required twelve Italian stucco craftsmen, marble workers, sculptors and painters. This is quite apart from the extensive park with its two summer palaces, Favorite and Monrepos, which under the slogan "Baroque in bloom" or "Ludwigsburg Baroque" is now a favourite place for outings by tourists from near and far.

Further down the Neckar is the Schiller National-Museum in Marbach, built on a hill and visible from afar. It houses valuable original classical manuscripts from the archive of publisher Johann Friedrich Cotta. In the little fortress-like town itself stands what must since 1903 have been the most lovingly tended birthplace of a German writer. It was here on 10 November 1759 that Elisabeth Dorothea Kodweiss, an innkeeper's daughter, bore her husband, army doctor Kaspar Schiller, a son they called Friedrich. Although Friedrich Schiller still rhymed "König" with "wenig" in true Swabian style, he was not to find recognition in the region where he was born until after he had fled it to escape the clutches of Duke Carl Eugen.

Towards the west the countryside opens up into the muschelkalk hills of the "Gäu". Though there

are no vines, the land is fertile and extensively cultivated, though agriculture is having to give way as little by little industrial areas are extended. After the destruction wrought by war, Böblingen was transformed almost entirely into an industrial town within the precincts of Stuttgart, where "high tech country" has one of its centres. Neighbouring Sindelfingen is a fascinating mixture of old and young. Thanks to Mercedes-Benz it is the richest town in the country, with marble zebra crossings and a mayor who for a long time hardly knew what else to build with all the business tax coming in. Luckily, however, the old town centre dating from poorer days has been preserved. It has a collegiate church dating back to 1576, a town hall built in 1478, a 1592 salt store and the Hexensprung, a particularly picturesque spot.

And then there is the town of Herrenberg, just under 30 kilometres from the outskirts of Stuttgart, built in truly grand style in three tiers on the slopes of the Schönbuch forest region. It has a massive late Gothic church last restored in 1749, which is unfortunately a problem child to all conservationists. It was built on a chalk cliff, and its unstable foundations led to many restorations and the associated hotchpotch of architectural styles. Leonberg with its castle, town hall and many old town houses, the half-timbered town hall facade in Markgröningen or Weil der Stadt, birthplace of astronomer Johannes Kepler and Württemberg church reformer Johannes Brenz, are further examples of lively urban development in the "Gäu."

To the south-west, vast beechwoods push towards the city of Stuttgart. The former royal hunting forest of Schönbuch with its deer is 30 times 30 kilometres in area and Württemberg's largest continuous stretch of forest. It starts in Siebenmühlental just behind the suburb of Vaihingen. It is the green lung and main local recreational area for Greater Stuttgart. Few roads run through it, thus on fine weekends it is a popular place for walkers. One of the most prominent was Kurt Georg Kiesinger, prime minister of Baden-Württemberg from 1959 till 1966 and then, until 1969, German federal chancellor.

Thus the metropolis is not just an industrial city. Although the region is becoming more and more built-up, the many smaller surrounding towns have retained their Swabian character. So visitors to Stuttgart should not confine themselves to the city. It is worth taking a peep over the rim of the valley basin.

Stuttgart est le cœur de la deuxième zone à forte concentration urbaine d'Allemagne après le Bassin de la Ruhr. Un bon tiers de la population du Land de Bade-Wurtemberg se concentre dans cette région médiane du Neckar et pourtant, l'attrait de la métropole vient en grande partie du charme de ses environs. Les urbanistes, qui pensent en termes de lotissement et d'agglomération, déploreront peut-être le morcellement du pays, conséquence d'une obstination villageoise ancestrale et des coutumes en matière d'héritage. Mais des mesures de planification en grand style ont, fort heureusement épargné les environs de Stuttgart. La ville étant, par ailleurs, entourée d'une «ceinture dodue» de villes de moyenne importance riches et le plus souvent anciennes, telles que Böblingen, Esslingen, Waiblingen, Leonberg ou Weil der Stadt, l'hydre qu'est la métropole s'est vue, dès le début, assigné des limites bien déterminées. Aussi trouvera-t-on, un peu partout, une «petite culture» qui cherche sa pareille en Allemagne. Si l'on fait abstraction de la vague de rattachements administratifs des années 20, au cours de laquelle Cannstatt, ville thermale, ainsi que des villages à caractère industriel, comme ceux de Feuerbach et de Zuffenhausen, furent incorporés à la commune urbaine de Stuttgart, la ville n'a connu aucune expansion notable. Des municipalités telles que Fellbach ou Gerlingen sont même si désagréablement proches de Stuttgart que les conseillers municipaux ont peine à maintenir dans la métropole les entreprises industrielles, sources de taxes professionnelles.

Sur le plan topographique, deux axes principaux convergent vers Stuttgart, plus exactement vers Cannstatt, sa rivale de toujours: la partie sud et nord du Neckar et, à l'est, la vallée de la Rems. La vigne y pousse en de nombreux endroits, dans la mesure, il est vrai, où l'urbanisation et une politique viticole clairvoyante et soucieuse tant de concentration que de qualité, lui ont laissé la place de prendre pied: on y trouvera en majeure partie les crus du terroir, tels que le Riesling, le Sylvaner, le Trollinger, le Spätburgunder (Pinot noir), moins fréquemment le Lemberger, mais avant tout le «Schiller», une création particulière de la culture viticole souabe. Ce dernier est un mélange de raisins noirs et blancs qui ne doit en aucun cas être confondu avec le rosé classique des Italiens et des Français.

Ainsi les environs est et nord de Stuttgart sont-ils en tout premier lieu le royaume de la vigne: dans la vallée de la Rems, de la Bettwart, sur les collines longeant le Neckar, jusqu'à Mundelsheim ou Heilbronn, partout la vigne a pris racine dans le calcaire conchylien et sur les terres marneuses dont les vins tirent leur «corps», typique de cette région, comme le disent les œnologues. Très tôt, la culture de la vigne a apporté prospérité et richesse à cette région, en même temps qu'elle lui a fourni l'argent nécessaire à la construction d'églises, de fortifications et de routes. C'est de Waiblingen, avec son église fortifiée St-Michael, sa Nonnenkirche et l'église St-Nikolas, que partirent les Hohenstaufen, la plus grande dynastie des empereurs de Souabe. Et bien que Waiblingen ait été presque entièrement détruit, en 1634, par les troupes de l'empereur, à la suite d'un incendie dévastateur, il n'en émane pas moins cette atmosphère de vieille ville administrative du Wurtemberg, avec son décanat, le Fruchtkasten (ancienne perception des dîmes), qui tient lieu aujourd'hui d'entrepôt de produits agricoles, les deux prévôtés ou l'ancienne Ecole de Latin.

En continuant de remonter la vallée de la Rems, on arrivera dans les célèbres villages viticoles que sont Stetten, Strümpfelbach, Beutelsbach, Schnait, Großheppbach, Korb, Beinstein, Endersbach, Winterbach ou encore Grundbach, où dominent les pressoirs, bâtiments atteignant parfois d'énormes dimensions et ressemblant à des granges. C'est là que les viticulteurs venaient pressurer leur vin. Ils ont été souvent transformés en musées d'histoire locale ou de culture viticole. Viticulture, église, noblesse ont, autrefois, empreint de leur sceau la physiognomie de ces villages qui, aujourd'hui, doivent leur aspect aux innombrables auberges portant des noms aux accents chaleureux, rappelant le terroir: «Zum Ochsen» (A l'auberge du bœuf), «Lamm» (à l'agneau), «Löwen» (à l'auberge du lion). Ces pressoirs remontent pour la plupart au début des temps modernes, aux alentours de l'an 1600, époque à laquelle la culture de la vigne connut son apogée. Le vin a également contribué à exalter le penchant des Souabes pour le chant. Au début du XIXe siècle, époque du romantisme, cette passion s'empara même de larges couches de la population: Friedrich Silcher, qui adapta dans le langage populaire de nombreux Lieder de Schubert, comme par exemple «Am Brunnen vor dem Tore», naquit en 1789 à Schnait, où un musée, petit certes mais fort bien entretenu et répondant même à des exigences scientifiques, rappelle sa mémoire.

C'est au nord de Stuttgart que l'on trouvera la ville et le château de Ludwigsburg (construit de 1704 à 1733). Ils doivent leur existence à Wilhelmine von Grävenitz, originaire du Mecklembourg et devenue tristement célèbre dans le Wurtemberg des débuts du XVIIIe siècle. Elle était la maîtresse du duc Eberhard Ludwig et fut qualifiée, sans embages et avec le plus grand dédain d'«être humain» par les pieux prédicateurs de la cour, ce qui revenait à dire qu'elle était un mélange de putain et de mégère. «Toute la vie de cette dame ne fut que déshonneur et pillage des caisses de l'Etat», écrivait alors un contemporain. Ludwigsburg est le Potsdam de Stuttgart, anciennement garnison et ville de style baroque érigée par un bambocheur, une véritable cour entièrement faite de pierres, de marbre et d'or en feuille, au sens littéral du terme. Et, bien que sa construction ait finalement plongé le duché dans la ruine, le château de Ludwigsburg est, aujourd'hui l'orgueil des Souabes. Tous les grands artistes de l'époque participèrent à la construction du corps de logis dont la cour intérieure mesure 203 mètres sur 66, en premier lieu l'Italien Donato Guiseppe Frisoni. Douze stucateurs, des marbiers, des sculpteurs et des peintres furent engagés pour réaliser la décoration intérieure, sans parler des travaux du parc de vaste envergure où l'on trouvera les châteaux d'agrément Favorite et Monrepos, exemples de ce «baroque florissant» qui, aujourd'hui, attire de nombreux touristes venant de tous les horizons.

En aval du Neckar, on aperçoit, de loin déjà, sur une hauteur, le Musée national Schiller de Marbach. Il abrite de précieux manuscrits originaux de la période classique, issus des archives de l'éditeur Johann Friedrich Cotta. Dans cette petite ville à l'allure de château fort, se trouve l'une des maisons les plus amoureusement entretenues de la ville, celle d'un écrivain allemand. C'est ici que la fille d'un aubergiste, Elisabeth Dorothea née Kodweiß, épouse du médecin de régiment Kaspar Schiller, mit au monde le célèbre Friedrich qui, en bon souabe qu'il était, faisait certes encore rimer «König» (roi) avec «wenig» (peu de choses) mais ne trouva la consécration dans son pays d'origine qu'après être parvenu à s'échapper des géôles du duc Carl Eugen.

En direction de l'est, en revanche, le paysage s'ouvre sur les collines de calcaire conchylien du «Gäu», régions fertiles où l'on ne rencontrera pas de vignobles mais une agriculture pratiquée sur de grandes surfaces, agriculture qui, cependant, doit progressivement faire place à des zones industrielles des vastes étendues. Après les destructions de la Seconde Guerre mondiale, Böblingen s'est transformée en ville industrielle intégrée au périmètre urbain de Stuttgart et constitue l'un des pôles principaux du «petit pays du High-tech». Sindelfingen, sa voisine, présente le visage fascinant d'une ville à la fois jeune et ancienne. Grâce à Mercedes-Benz, cette petite ville passe pour être la plus riche du pays, avec des trottoirs de marbre et un bourgmestre qui, pendant longtemps, ne sut quels méfaits il pouvait bien commettre dans le domaine du bâtiment, avec les millions que lui rapportaient les taxes professionnelles. Le noyau de la vieille ville qui remonte à des temps plus pauvres a été fort heureusement préservé. On y verra une église collégiale datant de 1576, un hôtel de ville de 1478, la «Maison du sel» de 1592 ainsi que le «Hexensprung» (saut de la sorcière), quartier tout particulièrement pittoresque.

Et voilà qu'apparaît la ville d'Herrenberg, à trente kilomètres à peine de Stuttgart, s'étageant majestueusement sur trois niveaux, au flanc d'une colline recouverte par la vaste forêt de Schönbruch. C'est là que se dresse la puissante Marienkirche, de style gothique (remaniée pour la dernière fois en 1749). Elle est, hélas, devenue le souci majeur de tous les conservateurs responsables du patrimoine historique. Erigée sur un rocher de gypse, son assise se dérobe sans cesse, ce qui a valu à l'église de nombreux réaménagements et, de ce fait, une multiplicité de styles. Leonberg et son château, son hôtel de ville et ses nombreuses vieilles maisons bourgeoises, la façade à colombages de la mairie de Markgröningen ou de Weil der Stadt, lieu de naissance de l'astronome Johannes Kepler et du réformateur en matière de religion, Johannes Brenz, sont autant d'exemples d'un urbanisme vivant dans cette région du «Gäu».

Au sud-ouest se déploient de vastes forêts de hêtres allant jusqu'aux portes de Stuttgart. Schönbruch, ancienne chasse royale où l'on trouvera une abondante population de cerfs, constitue la plus grande zone forestière d'un seul tenant (30 kilomètres sur 30) du pays de Wurtemberg. Elle commence dans la vallée de Siebenmühlental, juste après la sortie du faubourg de Vaihingen. C'est le poumon vert et une zone de détente de la conurbation de Stuttgart, toute proche. Peu de routes la parcourent et elle se voit, de ce fait, fréquentée par de nombreux marcheurs en fin de semaine lorsque le temps s'y prête. L'un des plus éminents parmi eux était Kurt Georg Kiesinger, ministre-président du Bade-Wurtemberg de 1958 à 1966 et, jusqu'en 1969, chancelier fédéral.

La métropole n'est donc pas seulement une ville industrielle. Bien que cette région s'urbanise de plus en plus, les nombreuses petites villes des environs ont préservé leur originalité souabe. Aussi, celui qui visitera Stuttgart ne devra-t-il pas se contenter de la ville. «Regarder par-dessus le bord de la cuvette» en vaut la peine.

Wie wenn er sich als
Stammburg jedem Württem-
berger einprägen müßte,
behauptet sich der Roten-
berg mit seinen Weinlagen
von allen Seiten des Neckartals. Seit der Rebflurbereini-
gung von 1966 wird dieser
Tropfen aber nach dem
„Mönchberg" oberhalb von
Untertürkheim benannt.

As though it felt the need to
make its presence felt by
Württembergers as their ancestral home, Rotenberg and
its vineyards can be seen
from all over the Neckar
Valley. Since the 1966
reparcelling of vineyards
and wine names, wine from
this area has been named after the Mönchberg overlooking Untertürkheim.

Comme s'il devait rappeler à
chaque Wurtembergeois son
rôle de lieu d'origine, le
Rotenberg et ses vignes sur
tous les côteaux dominent la
vallée du Neckar. Depuis le
reparcellement des vignes de
1966, les vins de cette zone
sont nommés d'après le
«Mönchberg» en amont de
Untertürkheim.

Einer der ältesten histori-
schen Plätze ist der Stadtteil
Mühlhausen, der sich am
linken Ufer des Neckars und
des Feuerbachs hinaufzieht.
Eine Burg ist schon 709 n.
Chr. erwähnt, die Veitskirche im Ortskern stammt von
1380.

One of the oldest historic
parts of the city is
Mühlhausen on the left bank
of the Neckar adjoining the
Feuerbach. Mention of a
castle here is first made in
records dating back to 709
AD, while the Veitskirche in
the heart of Mühlhausen
dates back to 1380.

Un des lieux historiques les
plus anciens est le quartier
Mühlhausen, qui se hisse sur
la rive gauche du Neckar et
du Feuerbach. Une forteresse est déjà citée en 709 après
Jésus-Christ. La «Veits-
kirche» au centre-ville date
de 1380.

Das wohl älteste erhaltene Haus auf Stuttgarter Markung ist das „Klösterle" an der Marktstraße in Bad Cannstatt. Wohl 1463 gebaut, hat es seinen Namen von einem Heim für ledige Frauen, das bis zur Reformation bestand.

Probably the oldest building in Stuttgart is the "Klösterle" on Marktstrasse in Bad Cannstatt. It was built in about 1463 and owes its name to the hostel for unmarried women as which it served until the Reformation.

La «Klösterle» sur la Marktstraße à Bad Cannstatt est probablement la plus ancienne maison de l'époque conservée. Construite en 1463, l'origine de son nom vient d'un hospice pour femmes non mariées, qui s'y trouva jusqu'à la Réformation.

Einer der charmantesten Bauten in den Ludwigsburger Parks ist das Schlößchen Favorite. Von Donato Giuseppe Frisoni zwischen 1717 und 1719 gebaut, weist es schon ins Rokoko. Außen- und Innenraum gehen ineinander über.

Favorite, a summer palace, is one of the most delightful buildings in the Ludwigsburg grounds. Built by Donato Giuseppe Frisoni between 1717 and 1719, it prefigures the Rococo period, with exterior and interior rooms merging into each other.

Le petit château Favorite est l'un des édifices les plus beaux du parc de Ludwigsburg. Construit par Donato Giuseppe Frisoni entre 1717 et 1719, il préfigure la période rococo, avec l'extérieur et les pièces intérieures s'harmonisant.

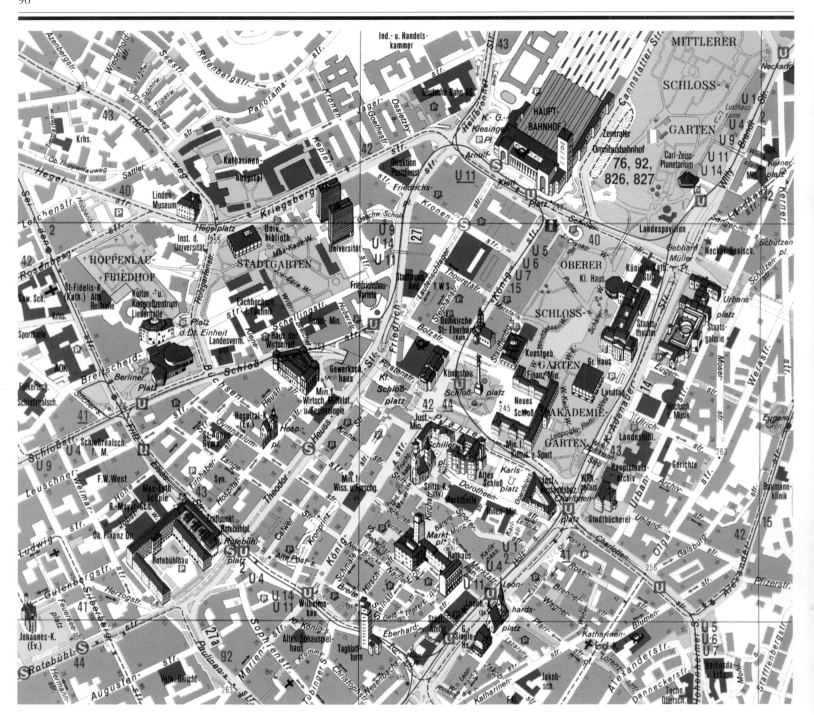